Pas b

réussir les recettes qui suivent. Il faut simplement avoir envie de cuisiner, pour soi, sa famille ou ses amis. Sortez de la routine, c'est le moment d'essayer des plats qui changent un peu et de combiner des saveurs nouvelles. Pas de soucis : la réussite est garantie puisque ces recettes sont déjà « passées trois fois à la casserole » avant de vous être proposées. Alors, à vos fourneaux !

Les mots désignant des produits exotiques peu courants sont expliqués dans le glossaire.

Sommaire

Voici un livre dédié à toutes celles et à tous ceux pour qui cuisiner peut virer au cauchemar. Ils y trouveront les principes de base de la cuisine et de nombreuses recettes bien expliquées, qui leur permettront d'acquérir très vite un savoir-faire. Le premier chapitre se présente sous la forme d'un guide illustré pour réussir à coup sûr toutes les cuissons et toutes les manipulations… Grâce à cet ouvrage, tous les débutants parviendront très vite à de délicieux résultats en prenant plaisir à cuisiner.

Conseils et techniques

Dans ce chapitre, nous expliquons les techniques de base de la cuisine pour vous permettre de vous débrouiller très vite sans peine.

Couper les oignons

Cette méthode permet d'éviter que les oignons ne se défassent et deviennent impossibles à hacher. Les oignons font pleurer les cuisiniers : pour éviter ce problème, certains recommandent de les mettre non pelés 1 heure au frais avant de les hacher.

Pelez l'oignon en retirant la première peau épaisse, puis coupez l'extrémité de la racine. Prenez soin de conserver la racine intacte afin que l'oignon reste compact au moment où vous le hacherez.

Oignons hachés

1 Coupez l'oignon en deux dans le sens de la longueur. Déposez une moitié, face coupée dessous, sur une planche. Tenez l'oignon entre les doigts (fig. 1) et coupez-le dans le sens de la longueur aussi finement que possible.

2 Coupez l'oignon horizontalement, en remontant près de la racine. Si l'oignon est gros, répétez l'opération deux ou trois fois.

3 Tenez l'oignon fermement et hachez dans le sens de la largeur aussi finement que possible.

Oignons émincés

4 Coupez la moitié d'un oignon en fines lamelles (à gauche) ou en quartiers (à droite).

Hacher le persil

Disposez les tiges de persil lavées et séchées sur une planche. À l'aide d'un couteau tranchant, hachez le persil en maintenant d'une main l'extrémité du couteau vers le bas de manière à faire balancer la lame dans un sens, puis dans l'autre. Cette technique vous sera utile en bien d'autres occasions.

Hacher les ciboules

Les ciboules sont utilisées aussi bien comme ingrédient que pour décorer certaines préparations. Retirez la couche extérieure et coupez l'extrémité de la racine. Retirez la partie vert foncé des feuilles, qui est souvent dure. Ci-dessus, on peut voir des ciboules préparées pour des usages divers.

En haut, à partir de la gauche : épluchées et prêtes à être hachées ; découpées en fines lanières ; en boucles.

Pour former des boucles, coupez la ciboule dans le sens de la longueur, enfoncez la pointe du couteau à travers la ciboule à environ 1 cm du bord et faites-la glisser délicatement jusqu'à l'extrémité. Répétez l'opération autant de fois que nécessaire, puis plongez la ciboule dans une eau glacée pour la faire boucler.

En bas, à partir de la gauche : hachées, tiges de ciboules bouclées après avoir été trempées dans de l'eau glacée, coupées en diagonale.

Peler et épépiner les tomates

1 Faites une petite croix à la base de chaque tomate.

2 Retirez les queues. Plongez les tomates dans une casserole d'eau bouillante et laissez-les 30 secondes. Retirez-les, puis déposez-les 30 secondes dans un saladier d'eau glacée avant de les peler.

3 Coupez la tomate en deux dans le sens de la largeur. Si la tomate est bien mûre, pressez-la pour faire sortir les pépins.

4 Si la tomate est ferme, retirez délicatement les pépins à l'aide d'une cuillère à café.

Couper les avocats

1 À l'aide d'un couteau tranchant, découpez l'avocat en deux dans le sens de la longueur, puis départagez-le. Tenez la moitié contenant le noyau dans une main, piquez la pointe du couteau dans le noyau et remuez le couteau pour faire sortir le noyau.

2 Pelez l'avocat avec les doigts.

En éventail

3 À l'aide d'un couteau tranchant, découpez l'avocat sans aller jusqu'à l'extrémité, puis écartez les tranches en éventail comme sur l'illustration.

Éplucher les asperges

1 À l'aide d'un couteau éplucheur, retirez les gros nodules à partir de l'extrémité pour laisser intacts les petits nodules proches de la tête de l'asperge.

2 Pliez le bout de tige de l'asperge à l'endroit où vous sentez que la tige est dure et facile à casser. Détachez cette partie ligneuse et jetez-la.

Mesurer les ingrédients

Si vous utilisez des tasses ou des cuillères comme mesure, versez les ingrédients secs dans le récipient approprié, sans tasser. À l'aide d'une spatule ou d'un couteau, aplanissez le dessus de la tasse ou de la cuillère utilisée.

Lorsque vous mesurez des liquides, posez le verre mesureur sur une surface plate et vérifiez si la quantité est exacte.

Thermomètre de cuisson

L'achat d'un thermomètre de cuisson (également pratique pour vérifier la température de l'huile) est un investissement utile si vous comptez vous en servir régulièrement, notamment pour la confection de certains desserts.

Voici comment utiliser correctement cet ustensile. Après emploi, rangez-le dans un endroit sûr pour éviter qu'il ne s'abîme.

Placez le thermomètre dans une casserole d'eau froide. Portez à ébullition. Lorsque l'eau bout, le thermomètre doit marquer 100 °C. Si la température n'est pas exacte, tenez compte de la différence lorsque vous devez utiliser votre thermomètre pour la confection d'un sirop, par exemple. Procédez à cette vérification avant chaque utilisation.

Ne plongez jamais le thermomètre dans un sirop bouillant sans avoir respecté les étapes intermédiaires, sinon il risque de se casser.

Quand le sirop ou l'huile atteint la température souhaitée, retirez le thermomètre et plongez-le dans la casserole d'eau bouillante, puis retirez du feu et laissez refroidir dans l'eau, à température ambiante.

Presser l'ail

1 Mettez la gousse non pelée (détachée du bulbe) dans le presse-ail, puis rabattez la partie supérieure et pressez. Retirez ensuite la pelure et les fibres restées dans le presse-ail.

2 Si vous ne disposez pas de presse-ail, pelez une gousse, puis émincez-la ou hachez-la sur une planche, saupoudrée d'une pincée de sel. À l'aide d'un couteau à grande lame, écrasez l'ail en pressant la lame sur la gousse hachée.

Hacher les légumes à la chinoise

Dans la cuisine chinoise, la plupart des légumes sont coupés en diagonale. Les oignons sont souvent coupés en quartiers, sauf indication contraire.

Faire une julienne de légumes

La plupart des légumes peuvent être émincés en fines lanières comme sur l'illustration ci-contre. Veillez toutefois à ce que les lanières soient de la même épaisseur. Découpez d'abord les légumes en fines tranches dans le sens de la longueur, puis découpez ces tranches en fines lanières.

Couper les oranges en quartiers

À l'aide d'un couteau, pelez les oranges à vif (retirez simultanément la peau extérieure et la peau blanche). Avec un couteau, retirez un à un les quartiers en coupant jusqu'au cœur du fruit (voir illustration).

Faire cuire les légumes

Presque tous les légumes peuvent être cuits à la vapeur, à l'eau bouillante ou au micro-ondes. Le micro-ondes et le cuiseur vapeur sont des modes de cuisson excellents, qui permettent de gagner du temps en conservant aux aliments toute leur saveur, leurs vitamines et leurs minéraux.

Cuisson au micro-ondes La couleur et la saveur des légumes restent intactes lorsqu'ils sont cuits au micro-ondes. Il est conseillé de ne pas les saler avant la cuisson, sinon ils durcissent. Pour une cuisson homogène, coupez les légumes en morceaux de taille égale. Les ingrédients seront préparés normalement (en les pelant ou en les épluchant). Le temps de cuisson varie selon le type, la quantité ou la taille du légume et selon la puissance du micro-ondes.

Cuisson à la vapeur Nous utilisons un cuiseur vapeur ou un autocuiseur en inox (disponible en supermarchés ou dans les magasins spécialisés). Assurez-vous que le couvercle ferme hermétiquement.

L'eau versée dans la cocotte doit atteindre le niveau de la grille placée dans le fond. Durant la cuisson, cette eau devra mijoter, mais jamais bouillir. Il est important de laisser le couvercle bien fermé durant la cuisson.

Cuisson à l'eau Les légumes doivent être à peine recouverts d'eau. En règle générale, faites bouillir l'eau avant d'incorporer les légumes. Couvrez et réduisez le feu de manière à ce que l'eau frémisse et laissez cuire jusqu'à ce que les légumes soient croquants.

Préparer les légumes secs

Versez les légumes secs dans un saladier, puis recouvrez-les d'eau. Laissez-les reposer toute une nuit. Le jour suivant, égouttez, puis faites bouillir dans une grande casserole d'eau jusqu'à ce que les légumes soient tendres. Le temps de cuisson varie selon le type de légume et peut durer de 30 minutes à 1 heure.

Il n'est pas nécessaire de faire tremper les lentilles. Faites-les cuire dans de l'eau bouillante 15 minutes environ, jusqu'à ce qu'elles soient tendres.

Battre les œufs en neige

Les blancs d'œufs sont souvent battus jusqu'à la formation de petits pics (tendres ou fermes) à la surface. Si les blancs sont trop battus, il sera difficile de les incorporer dans une autre préparation.

Petits pics

1 Pour certaines préparations, on utilisera des blancs d'œufs légèrement battus : en fouettant à grande vitesse, des petits pics se forment rapidement à la surface.

En neige ferme

2 Ci-contre, des œufs battus en neige très ferme. Les pics formés à la surface sont plus fermes et plus gros que ceux de l'illustration de gauche.

Séparer les œufs

Certaines recettes exigent que les jaunes et les blancs d'œufs soient utilisés séparément. Cassez la coquille en tapant doucement sur une surface plate ou sur le rebord d'un bol (pas celui utilisé pour la préparation). Ouvrez la coquille en deux et transvasez le jaune d'une coquille à l'autre pour faire couler le blanc dans le bol.

Il est conseillé de casser chaque œuf dans une tasse à part pour s'assurer de sa fraîcheur, avant de l'ajouter aux autres.

Si une recette exige que le blanc d'œuf soit battu en neige, il est important de ne pas faire tomber une once de jaune dans le blanc. Si cela devait vous arriver, retirez le jaune à l'aide d'une cuillère à café.

Mélange des ingrédients

Mélanger le beurre

1 Du bout des doigts, travaillez le beurre pour le mélanger aux ingrédients secs.

Obtenir une préparation crémeuse

2 Ajoutez une essence ou n'importe quel parfum liquide aux morceaux de beurre. Battez au fouet dans un petit saladier jusqu'à ce que la préparation soit aussi blanche que possible. Ajoutez le sucre, puis fouettez jusqu'à obtention d'une préparation légère et mousseuse. Vous pouvez également travailler le mélange à la main ou avec une cuillère en bois. Procédez toujours en respectant les instructions données dans la recette.

Incorporer une préparation

3 Le but est de mélanger les ingrédients aussi uniformément et rapidement que possible, en agissant avec délicatesse cependant pour éviter que la préparation ne s'affaisse.

Utilisez de préférence une spatule en plastique, plus souple que les spatules en bois, en remontant les ingrédients depuis le fond du récipient jusqu'à la surface de la préparation.

Une fois que vous aurez maîtrisé cette technique, vous n'aurez plus aucune peine à réussir vos gâteaux, soufflés, mousses, etc.

Lier

Cette méthode consiste à verser progressivement un liquide sur un ingrédient sec pour obtenir une préparation lisse (sans grumeaux) et homogène. Cette illustration vous montre comment lier de la farine avec de l'eau.

Faire griller des noix

Les noix et la noix de coco peuvent être grillées de diverses manières. Nous donnons ici deux méthodes simples et rapides. Il n'est pas nécessaire de graisser les récipients car les noix sont naturellement riches en huile. Une fois grillées, retirez-les aussitôt de la casserole ou de la plaque du four pour les laisser refroidir.

Faire griller des noix

1 Répartissez les noix sur une plaque. Mettez-les à griller à four moyen 5 minutes environ, jusqu'à ce qu'elles soient légèrement dorées.

Faire griller de la noix de coco

2 Versez la noix de coco dans une poêle à fond épais, chauffée à feu moyen. Remuez sans cesse jusqu'à ce que la noix de coco soit légèrement dorée.

Faire une purée

Pour réduire en purée des pommes de terre ou tout autre légume farineux, il est important de respecter certaines règles. Faites cuire les légumes jusqu'à ce qu'ils soient tendres, puis égouttez. Ajoutez le beurre directement dans la casserole, avant d'incorporer progressivement le lait, jusqu'à obtention de la consistance souhaitée.

Commencez par écraser les légumes à la fourchette, puis terminez l'opération avec une cuillère en bois ou un presse-purée. N'utilisez jamais le robot pour les légumes farineux, car il brise les fibres et donne une consistance collante à la préparation.

Faire fondre le chocolat

Quand vous faites fondre du chocolat, veillez à ce qu'il ne soit pas mélangé à de l'eau. Par conséquent, ne couvrez jamais le chocolat lorsqu'il est en train de fondre car la condensation risque de le « figer » et de créer des grumeaux.

Lorsque vous faites fondre le chocolat au bain-marie, veillez à ce que le fond du récipient contenant le chocolat ne touche pas l'eau bouillante, car la chaleur risque de brûler le chocolat. Pour de meilleurs résultats, faites fondre le chocolat dans un récipient non couvert, adapté au micro-ondes, et faites chauffer à température maximale pendant 30 secondes. Sortez aussitôt le chocolat du four.

Faire un coulis

Pour réduire en purée très fine un légume ou préparer un coulis de fruit, pressez l'ingrédient à travers une passoire ou un tamis. Pour obtenir une texture plus fine, répétez l'opération en pressant une nouvelle fois la purée obtenue au tamis.
En principe, les aliments sont cuits avant d'être réduits en purée, mais ils peuvent être utilisés crus, notamment dans le cas d'un coulis de fraises.

1 La courge cuite est pressée dans une passoire à l'aide d'une cuillère en bois jusqu'à obtention d'une purée très fine.

2 Le coulis de fraises est filtré à travers un tamis pour séparer les pépins de la pulpe.

Petits déjeuners

Il n'y a guère de petit déjeuner copieux sans œufs. Ce chapitre comprend un certain nombre d'explications qui vous permettront de faire cuire les œufs à la perfection. Il propose également de délicieuses recettes de muesli, idéales pour ouvrir l'appétit.

Œufs au plat

Utilisez une poêle au fond épais. La cuisson doit se faire à feu doux (c'est là le secret de la réussite). Graissez la poêle avec un peu de beurre ou d'huile, ou utilisez une poêle antiadhésive.

Pour obtenir un œuf bien rond, utilisez un cercle à œufs, que vous aurez préalablement graissé avec de l'huile ou du beurre.

Dès que le beurre est chaud (attention, il ne doit pas brunir), incorporez l'œuf. Si le beurre est trop chaud, le bord et le dessous de l'œuf vont brûler avant que le centre n'ait eu le temps de cuire. À l'aide d'une cuillère, versez un peu d'huile ou de beurre fondu sur l'œuf pour accélérer la cuisson.

Certaines personnes aiment quand le blanc est légèrement croustillant. Pour obtenir ce résultat, augmentez doucement la température.

Servez l'œuf aussitôt (il n'est pas possible de réchauffer un œuf au plat).

Pour les œufs aux plats, vous devez choisir des œufs extra-frais, car le jaune se mange à peine cuit. En outre, le blanc des œufs très frais reste bien ferme à la cuisson.

Versez l'œuf dans la poêle.

À l'aide d'une cuillère, versez un peu de beurre chaud sur l'œuf.

Servez l'œuf aussitôt cuit.

Œufs au plat et au bacon

Pour 2 personnes.

PRÉPARATION 5 MINUTES
CUISSON 10 MINUTES

4 tranches de lard (280 g)
1 c. s. d'huile végétale
4 œufs
1 tomate moyenne (190 g), coupée en deux

1 Faites cuire le lard dans une poêle de taille moyenne, sans couvrir, jusqu'à ce que les tranches soient dorées et cuites comme vous le souhaitez. Retirez du feu et conservez au chaud.

2 Versez l'huile dans la poêle et cassez les œufs au-dessus de la poêle ou dans des cercles à œufs préalablement graissés et placés dans la poêle. Laissez cuire, sans couvrir, jusqu'à ce que le blanc devienne ferme et que le jaune soit cuit comme vous le souhaitez.

3 Entre-temps, placez la tomate, face coupée dessus, sur une plaque du four. Salez et poivrez à votre convenance. Enfournez sous le gril préalablement chauffé et faites cuire la tomate jusqu'à ce qu'elle soit légèrement dorée et fondante.

4 Servez les œufs au plat, le lard et la tomate avec des tranches de pain grillées.

Par portion lipides 47,9 g ; 2 476 kJ

Œufs au plat et au bacon : le petit déjeuner idéal pour un dimanche paresseux.

Faire cuire un œuf à la coque

Conservez les œufs au réfrigérateur en plaçant la pointe vers le bas de manière à empêcher le jaune de se casser lorsque vous utiliserez l'œuf. Les coquilles d'œufs étant poreuses, évitez de les laver avant de les mettre au frais ou de les conserver près des aliments qui sentent fort.

Pour écaler un œuf dur, retirez-le de l'eau bouillante, fendez la coquille et plongez-le dans un bol d'eau froide pour qu'il refroidisse plus rapidement.

Prenez toujours des œufs très frais. Pour vérifier la fraîcheur d'un œuf, plongez-le dans suffisamment d'eau pour qu'il en soit recouvert. Si l'œuf coule, il est frais.

Avant d'ajouter des œufs à une préparation, cassez-les l'un après l'autre dans un petit bol. De cette manière, si un œuf ne vous semble pas très frais, vous pouvez aussitôt le mettre de côté et éviter d'avoir à jeter toute la préparation.

Œufs à la coque

PRÉPARATION 5 MINUTES
CUISSON 3 MINUTES

1 Choisissez la casserole en fonction du nombre d'œufs que vous avez à faire cuire : une petite casserole pour 1 œuf, une casserole moyenne jusqu'à 4 œufs et une grande casserole pour plus d'œufs (il doit y avoir assez d'espace entre les œufs pour qu'ils puissent se retourner). Recouvrez-les d'eau. Mettez la casserole à feu vif et remuez sans cesse à l'aide d'une cuillère en bois jusqu'à ce que l'eau soit à ébullition (ainsi, le jaune reste au milieu de l'œuf). Laissez bouillir, sans couvrir, jusqu'à la cuisson désirée. À titre indicatif, il faut 3 minutes de cuisson pour obtenir un blanc ferme et un jaune moelleux. Au-delà de 5 minutes, le jaune devient mollet. Pour des œufs durs, compter 10 minutes de cuisson.

2 Placez la casserole sous l'eau 1 minute environ, jusqu'à ce que les œufs aient refroidi. Vous éviterez ainsi la formation d'une auréole brune autour du jaune.

3 Servez les œufs à la coque accompagnés de mouillettes que vous pourrez tremper dans l'œuf.

Par portion lipides 6,4 g ; 373 kJ

L'astuce du chef

Pour écaler les œufs, fendez la coquille délicatement et laissez les œufs dans l'eau froide 5 minutes au moins. Retirez ensuite la coquille, en commençant par l'extrémité la plus large. Lavez les œufs et séchez-les avec du papier absorbant.

Œufs brouillés

Il s'agit tout simplement d'œufs mélangés avec du lait (ou de la crème) et du beurre, puis cuits à feu doux en remuant sans cesse délicatement, jusqu'à obtention de la consistance désirée. Il est normal que les œufs brouillés soient à peine fermes et qu'ils conservent une texture crémeuse.

Cette préparation n'est pas difficile, mais elle demande un peu de patience. En effet, les œufs brouillés doivent être cuits à feu très doux et à température constante. S'ils sont cuits trop rapidement, ils deviennent durs ; s'ils sont remués trop vivement, ils prennent une consistance friable sur le dessus et presque liquide en dessous (ils restent mangeables, mais ne sont guère appétissants).

Utilisez une poêle de taille moyenne à fond épais. Les poêles fines ont tendance à chauffer trop rapidement, avec le risque de brûler la préparation.

Vous pouvez remplacer le lait par de la crème pour rendre le plat plus nourrissant. Utilisez de préférence une crème liquide fine, qui donnera de meilleurs résultats.

Servez les œufs brouillés aussitôt. Ils supportent difficilement d'être réchauffés.

Fouettez le lait et les herbes avec les œufs.

Remuez les œufs à l'aide d'une cuillère en bois.

Œufs brouillés aux herbes

Pour 2 personnes.

PRÉPARATION 5 MINUTES • CUISSON 5 MINUTES

6 œufs
125 ml de lait
1 c. s. de persil plat frais, finement haché
1 c. s. de ciboulette fraîche, finement hachée
1 c. c. de beurre

1 À l'aide d'un fouet, battez légèrement les œufs dans un petit saladier. Ajoutez le lait et les herbes, sans cesser de fouetter.

2 Faites fondre le beurre à feu doux dans une poêle de taille moyenne, puis incorporez la préparation aux œufs. Lorsque celle-ci devient ferme au centre de la poêle, remuez délicatement à l'aide d'une cuillère en bois de façon à ce que la partie non cuite coule vers le milieu. Poursuivez la cuisson en remuant délicatement jusqu'à ce que les œufs soient à peine fermes tout en restant crémeux.

3 Servez avec des muffins.

Par portion lipides 14,1 g ; 807 kJ

Au micro-ondes Procédez comme indiqué à l'étape 1, dans la recette. Mettez le beurre dans un plat peu profond, un plat à tarte par exemple. Faites-le fondre 15 secondes à température maximale. Versez la préparation et faites cuire à température maximale 3 minutes environ, jusqu'à ce qu'elle soit presque ferme. À l'aide d'une cuillère en bois, remuez délicatement les œufs deux fois durant la cuisson.

Hachis de bœuf aux œufs pochés

Pour 2 personnes.

PRÉPARATION 10 MINUTES • CUISSON 10 MINUTES

1 oignon moyen (150 g), finement haché
3 pommes de terre moyennes (600 g), râpées
500 g de *corned-beef* cuit, haché
2 c. s. de persil plat frais, finement haché
2 c. s. de farine
2 œufs, légèrement battus
1 c. s. d'huile végétale
4 œufs, en supplément

1 Versez l'oignon, les pommes de terre, le *corned-beef*, le persil, la farine et les œufs dans un grand saladier. Mélangez soigneusement.

2 Divisez la préparation en quatre parts égales, puis aplatissez-les pour former des galettes.

3 Faites chauffer l'huile dans une grande poêle à fond épais, puis faites cuire les galettes de bœuf sans couvrir, jusqu'à ce qu'elles soient dorées des deux côtés et cuites à point.

4 Graissez les cercles à œuf avec de l'huile ou du beurre à l'aide d'un pinceau ou du bout d'un doigt. Versez de l'eau dans la poêle à hauteur de 1 cm afin que les œufs ne soient pas recouverts. Portez l'eau à ébullition. Réduisez le feu jusqu'à ce que l'eau frémisse à peine. Placez les cercles dans l'eau, prenez les œufs supplémentaires et versez-les délicatement dans les moules, l'un après l'autre.

5 Le blanc d'œuf se fige progressivement. Si l'œuf est gros, il se peut qu'un peu de blanc gonfle sur les bords du moule. Prenez garde à ce que l'eau ne bouille pas, sinon le blanc durcirait. Enfin, à l'aide d'une cuillère, versez de l'eau sur les jaunes jusqu'à ce qu'ils soient cuits selon votre goût. Il est impossible de donner un temps de cuisson à l'avance car celle-ci varie selon le type et la taille de la poêle, la quantité et la chaleur de l'eau, la taille et la température des œufs et, plus que tout, selon les goûts de chacun.

6 Soulevez délicatement le cercle de chaque œuf. Sortez l'œuf hors de l'eau en vous servant d'une spatule.

7 Servez les carrés garnis avec les œufs pochés. Décorez avec du basilic coupé en fines lanières.

Par portion lipides 37,8 g ; 3 263 kJ

Les œufs pochés sont un délice, qu'ils soient servis avec une sauce ou comme garniture dans une salade.

Méthode classique Versez de l'eau bouillante dans une casserole. À l'aide d'une cuillère en bois, remuez l'eau de manière à créer un tourbillon, puis inclinez le pot ou la tasse et faites couler délicatement l'œuf au centre du tourbillon. C'est le mouvement centrifuge de l'eau qui donne à l'œuf une forme aussi régulière.

Ajustez la température car l'eau doit à peine frémir, puis laissez cuire l'œuf, à couvert ou non, selon les indications données ci-contre à droite.

Si vous couvrez la casserole, vérifiez la cuisson après 1 minute pour voir si l'œuf est cuit à votre convenance.

Si vous ne couvrez pas la casserole, prenez une cuillère et versez de l'eau délicatement sur l'œuf jusqu'à ce que le jaune soit cuit.

Ustensiles pour pocher des œufs Pour pocher les œufs, il existe des appareils électriques ou manuels. À vrai dire, il s'agit plutôt de cuiseurs vapeur.

Les récipients à œufs doivent être graissés légèrement et uniformément, avec du beurre ou de l'huile, sauf si la surface du récipient est antiadhésive.

Il existe aussi des appareils individuels que vous placez simplement dans la casserole remplie d'eau jusqu'à mi-hauteur. Ces ustensiles doivent toujours être munis d'un couvercle afin que la vapeur (qui permet de cuire l'œuf) reste à l'intérieur.

Cuisson au micro-ondes Les œufs pochés peuvent également se cuire au micro-ondes. La consistance de l'œuf est similaire à celle obtenue avec un appareil électrique ou manuel.

Cassez un œuf dans une tasse (il n'est pas nécessaire de la graisser), puis piquez le jaune avec une fourchette (pour éviter qu'il n'éclate durant la cuisson). Faites cuire à température maximale 30 secondes environ, jusqu'à ce que l'œuf soit cuit à votre convenance.

Pocher les œufs

Pocher signifie faire cuire doucement des aliments dans un liquide frémissant. Les œufs doivent être incorporés quand l'eau frémit. Celle-ci doit presque couvrir les œufs, mais en aucun cas les submerger.

La casserole peut être couverte ou non. Si le couvercle est mis, les œufs cuisent grâce à la vapeur ainsi retenue alors que l'eau frémit. Si la casserole n'est pas couverte, versez de l'eau sur le dessus des œufs, à l'aide d'une cuillère, jusqu'à ce qu'ils soient cuits comme vous le souhaitez.

Versez l'œuf dans la casserole.

Retirez le cercle.

Omelette

Il existe de nombreuses manières de préparer une omelette. Voici comment réaliser une omelette à la fois toute simple et délicieuse. Les œufs sont légèrement battus avant d'être cuits rapidement à feu assez vif. L'omelette peut être garnie ou non.

Il est important de procéder rapidement, sinon la préparation en contact avec le fond et les bords de la poêle cuit trop vite et devient brune et dure. L'omelette est prête lorsque le dessous est légèrement doré.

Nous utilisons une poêle assez épaisse en aluminium, de 20 cm de diamètre environ.

Certaines personnes ont une poêle réservée pour les omelettes. Dans ce cas, il n'est pas nécessaire de la nettoyer. Il suffit de l'essuyer avec un peu de papier absorbant, puis de la ranger soigneusement pour éviter de rayer la surface.

La profondeur de la poêle a peu d'importance, même s'il est vrai qu'il est plus facile de faire glisser l'omelette dans l'assiette quand la poêle est peu profonde.

Si vous utilisez une poêle en aluminium, il faut d'abord la « préparer ». Pour cela, faites chauffer la poêle puis, avec quelques feuilles de papier absorbant, frottez l'équivalent de 1 cuillerée à soupe de gros sel de cuisine pour faire briller la surface.

Pour « préparer » une poêle en cuivre, mettez une noix de beurre dans la poêle et faites chauffer jusqu'à ce que le beurre brunisse. Prenez ensuite du papier absorbant pour essuyer et nettoyer la poêle.

Omelette au jambon et au fromage

Pour 1 personne.

PRÉPARATION 5 MINUTES • CUISSON 5 MINUTES

2 œufs
1 c. s. d'eau
2 c. c. de beurre
1 c. s. de ciboulette fraîche, finement hachée
1 c. s. de petites feuilles de basilic frais

Garniture

1 petite tomate (130 g), coupée en deux et épépinée
1 tranche de jambon
30 g de gruyère râpé

1 Cassez les œufs dans un saladier de taille moyenne, puis ajoutez l'eau. À l'aide d'une fourchette ou d'un fouet, battez les œufs jusqu'à ce que les blancs et les jaunes soient délayés.

2 Faites chauffer une poêle de 20 cm de diamètre sur un feu vif, pendant 1 minute environ. Ajoutez le beurre qui doit aussitôt grésiller et faire des bulles, si la poêle est suffisamment chaude. Veillez à ce que le beurre ne brunisse pas. Inclinez la poêle plusieurs fois de manière à ce que le beurre se répartisse uniformément dans le fond et sur les côtés de la poêle jusqu'à mi-hauteur.

3 Versez le mélange d'œufs dans la poêle chaude, il doit presque aussitôt devenir ferme sur les bords. À l'aide d'une cuillère en bois, détachez l'omelette du bord de la poêle de manière à faire couler le mélange vers le milieu et ainsi faciliter la cuisson. L'omelette est prête lorsque le mélange ne coule plus et que le dessus présente encore une texture crémeuse. Seul le dessous de l'omelette doit être légèrement doré.

4 À l'aide d'une cuillère, versez la garniture sur la moitié de l'omelette, à l'opposé du manche de la poêle, afin qu'il soit plus facile de faire glisser l'omelette sur le plat lorsqu'elle sera cuite. Utilisez une spatule pour plier l'omelette en deux et couvrir la garniture. Transvasez-la sur le plat de service. Servez l'omelette aussitôt, saupoudrée d'herbes.

Préparation de la garniture Coupez la chair de tomate et le jambon en petites lanières. Versez la tomate et le jambon dans un saladier, ajoutez le fromage et mélangez délicatement.

Par portion lipides 29,8 g ; 1 628 kJ

Décollez l'omelette du bord de la poêle.

Utilisez une spatule pour plier l'omelette.

Les œufs sont battus légèrement avant d'être cuits rapidement sur un feu assez vif.

Bircher muesli

Pour 4 personnes.

PRÉPARATION 10 MINUTES
RÉFRIGÉRATION 12 HEURES

90 g de flocons d'avoine
600 g de yaourt maigre
2 petites pommes (260 g), râpées grossièrement
2 c. s. de miel
1/4 c. c. de cannelle, moulue
1 c. s. de noix de pécan grillées, grossièrement hachées
250 g de fraises, coupées en quatre

1 Mélangez l'avoine, le yaourt, les pommes, le miel, la cannelle et les noix dans un saladier de taille moyenne. Couvrez et mettez au frais une nuit.

2 Juste avant de servir, ajoutez les fraises dans le muesli et mélangez.

Par portion lipides 6,1 g ; 1 156 kJ

L'astuce du chef

Les fraises peuvent être remplacées par n'importe quel fruit des bois.

Pour obtenir une texture moins sèche, servez le muesli avec du lait

Mélangez les ingrédients.

Ajoutez les fraises et mélangez avec le muesli.

Muesli

La recette originale du muesli, faite avec des flocons d'avoine, des pommes râpées et du yaourt, fut rendue célèbre par un nutritionniste suisse, le docteur Bircher-Benner. Il élabora cette recette à la fin du XIXe siècle pour les patients qui séjournaient dans sa clinique.

Le *bircher* que nous connaissons aujourd'hui est un mélange de céréales auquel nous ajoutons du lait chaud ou froid, de la crème ou du yaourt pour lui donner la consistance que nous aimons.

Constitué d'une grande variété de céréales, graines, noix et fruits, le muesli est un repas complet riche en féculents, minéraux, vitamines, fibres alimentaires et protéines.

Le muesli peut être conservé dans un récipient hermétique, au frais ou au congélateur.

Les fruits secs peuvent être remplacés par n'importe quel mélange de votre choix. Les fruits secs sucrent naturellement le muesli, mais si vous l'aimez plus sucré, ajoutez simplement un peu de sucre, de miel ou un édulcorant artificiel selon votre goût ou régime.

Muesli classique

Pour 1,2 kg.

PRÉPARATION 15 MINUTES • CUISSON 5 MINUTES

- **50 g de noix de coco séchée**
- **30 g de graines de sésame**
- **185 g de flocons d'avoine**
- **140 g de flocons de riz**
- **140 g de flocons de triticale**
- **80 g de son d'avoine**
- **60 g de germes de blé**
- **40 g de graines de tournesol**
- **40 g de graines de courge**
- **70 g de noix ou de noix de pécan, hachées grossièrement**
- **80 g de noisettes, hachées grossièrement**
- **100 g d'abricots secs**
- **45 g de pommes séchées**
- **90 g de raisins secs**

1 Mélangez la noix de coco et les graines de sésame dans une petite poêle et, sans cesser de remuer, faites revenir à feu moyen jusqu'à ce que les deux ingrédients soient légèrement dorés. Versez-les dans un grand saladier. Ajoutez l'avoine, le riz et le triticale, puis le son d'avoine, les germes de blé, les graines de tournesol, les graines de courge, les noix et les noisettes.

2 À l'aide de ciseaux, coupez les abricots et les pommes en petits dés au-dessus de la préparation, puis ajoutez les raisins secs et mélangez le tout. Transvasez le mélange dans un récipient hermétique.

3 Servez garni de framboises.

Par portion (140 g) lipides 6,8 g ; 514 kJ

Faites légèrement dorer la noix de coco et les graines de sésame.

Coupez les abricots en petits dés au-dessus de la préparation.

Muesli grillé

Préchauffez le four à température moyenne. Exécutez l'étape 1 ci-dessus. Faites chauffer 60 g de beurre et 2 cuillerées à soupe d'huile dans un plat à four. Ajoutez la préparation, mélangez soigneusement. Faites cuire 10 minutes au four, sans couvrir, à température moyenne.

Retirez la préparation du four et remuez soigneusement, puis remettez au four et laissez cuire 50 minutes, en remuant toutes les 10 minutes, jusqu'à ce que le muesli soit doré. Retirez du four, ajoutez les fruits et mélangez.

Laissez refroidir le muesli à température ambiante, puis transvasez-le dans un récipient hermétique.

Cuisson au micro-ondes Il est également possible de faire griller le muesli au micro-ondes.

Exécutez l'étape 1 ci-dessus. Dans un plat adapté au micro-ondes, faites chauffer 60 g de beurre et 2 cuillerées à soupe d'huile à température maximale pendant 1 minute. Ajoutez la préparation et faites cuire à température maximale 12 minutes environ, jusqu'à ce qu'elle soit bien dorée, en remuant toutes les 3 minutes pour permettre une cuisson homogène. Ajoutez les fruits et laissez refroidir à température ambiante avant de transvaser la préparation dans un récipient hermétique.

Poissons et fruits de mer

Voici quelques recettes simples et délicieuses qui figurent parmi les grands classiques de la cuisine de la mer. Vous verrez qu'il est facile d'accommoder fruits de mer ou poissons en un repas sain et savoureux.

Les crevettes

Les crevettes sont vendues cuites ou crues. Leurs carapaces doivent être fermes et entières, et une agréable odeur de mer doit s'en dégager.

Si vous souhaitez congeler des crevettes (cuites ou crues) pour les utiliser ultérieurement, il est préférable de les congeler dans leurs carapaces. Disposez les crevettes dans un récipient et recouvrez-les légèrement d'eau du robinet, en veillant à ce qu'il y ait assez d'espace pour que l'eau puisse se dilater en gelant. Fermez le récipient et conservez au congélateur comme un bloc de glace, pas plus de 3 mois. Pour dégeler, faites couler de l'eau froide sur le récipient afin de faire fondre la glace, puis mettez les crevettes au réfrigérateur pendant quelques heures, jusqu'à ce qu'elles atteignent une température qui permette de les manger.

Pour conserver des crevettes cuites ou crues, rincez les carapaces rapidement sous l'eau courante, puis secouez-les pour bien les égoutter. Disposez-les ensuite dans un récipient hermétique ou sur un plat et couvrez d'un film transparent. Vous pouvez conserver les crevettes jusqu'à 3 jours au réfrigérateur.

Cocktail d'avocat aux crevettes

Pour 2 personnes.

PRÉPARATION 15 MINUTES

400 g de grosses crevettes cuites
feuilles de laitue
1/2 avocat moyen (125 g), coupé en gros dés
quartiers de citron
4 tiges de ciboulette, extrémités coupées

Sauce cocktail

150 g de mayonnaise
2 1/2 c. s. de sauce tomate
1/2 c. c. de sauce Worcestershire
1/4 c. c. de sauce aux piments

1. Pincez les têtes des crevettes pour les retirer. Décortiquez les carapaces, en conservant les queues intactes.
2. Retirez la veine centrale, en procédant de la tête vers la queue.
3. Alignez les assiettes garnies de feuilles de laitue. Disposez les crevettes et les dés d'avocat sur les assiettes. À l'aide d'une cuillère, versez la sauce cocktail sur le mélange de crevettes. Servez accompagné de quartiers de citron et de ciboulette.

Sauce cocktail Versez la mayonnaise et les sauces dans un petit bol. Mélangez soigneusement.

Par portion lipides 40 g ; 2 348 kJ

L'ASTUCE DU CHEF

La sauce peut être préparée deux jours à l'avance et conservée au frais, couverte.

Retirez le noyau de l'avocat.

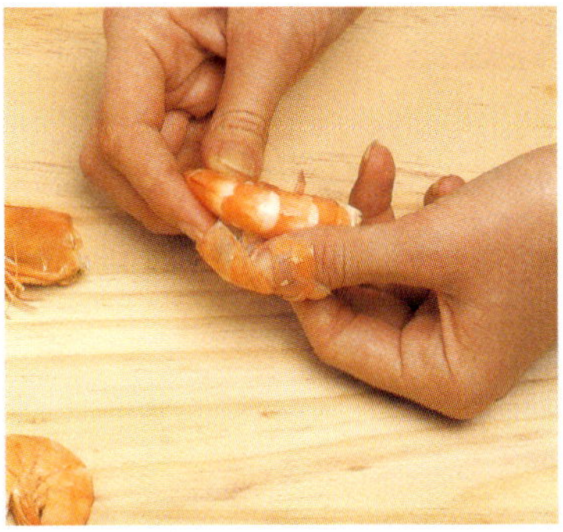

Décortiquez les crevettes.

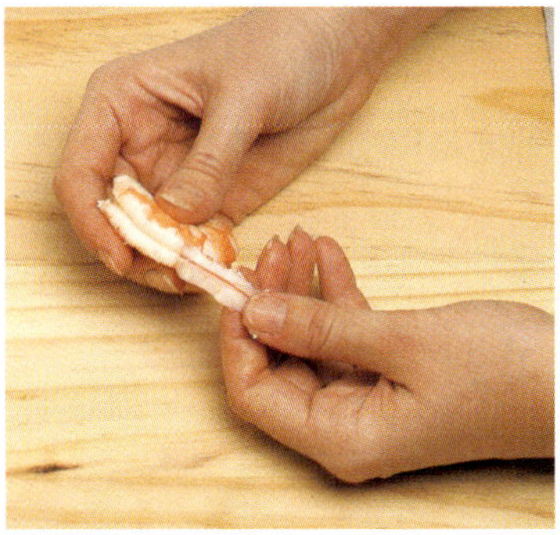

Retirez la veine centrale.

Mélangez les ingrédients de la sauce cocktail.

Cocktail aux crevettes

Des crevettes servies sur un lit de feuilles de laitue avec du citron et une sauce traditionnelle font une entrée toujours appréciée. Vous pouvez diminuer la quantité de crevettes et compléter avec du crabe et/ou des moules marinées (en bocal).

Poisson meunière sauce tartare

Pour 2 personnes.

PRÉPARATION 15 MINUTES • CUISSON 5 MINUTES

Pour cette recette, nous avons choisi un filet de brème. Vous pouvez demander à votre poissonnier de retirer la peau des filets de poisson, car c'est une opération un peu délicate.

2 filets de poisson blanc, sans arêtes (320 g)

gros sel de cuisine

1 c. s. de farine

2 c. s. d'huile végétale

Sauce tartare

150 g de mayonnaise

1 gros cornichon, finement haché

1 c. s. de câpres égouttées, finement hachées

2 c. c. de persil plat frais, finement haché

1/2 c. c. de jus de citron

1/4 c. c. de sauce Worcestershire

1 Disposez les filets sur une planche, la peau dessous. Trempez vos doigts dans un peu de sel pour mieux tenir le poisson. Maintenez fermement le filet côté queue. Faites glisser la lame d'un couteau bien aiguisé, en l'inclinant légèrement, pour séparer délicatement la chair de la peau.

2 Saupoudrez les filets d'une fine couche de farine. Faites chauffer l'huile dans une grande poêle à fond épais et peu profonde, puis faites revenir le poisson, la peau dessus, à feu moyen jusqu'à ce que les filets soient légèrement dorés. À l'aide d'une spatule, retournez délicatement les filets et poursuivez la cuisson à feu moyen jusqu'à ce que la chair du poisson se départage facilement si vous piquez avec une fourchette.

3 Servez aussitôt accompagné de sauce tartare et de pommes de terre rissolées.

Sauce tartare Versez la mayonnaise dans un petit bol, ajoutez les autres ingrédients et mélangez soigneusement.

Par portion lipides 46,1 g ; 2 671 kJ

L'ASTUCE DU CHEF

La sauce peut être préparée jusqu'à deux jours à l'avance et conservée au frais, couverte.

Poisson meunière

Pour la recette ci-contre, vous pouvez utiliser 30 g de beurre au lieu de 2 cuillerées à soupe d'huile, ou mélanger 15 g de beurre avec une 1 cuillerée à soupe d'huile.

Les petits poissons entiers, les darnes et les filets se font volontiers griller à la poêle.

Nous avons choisi une brème. Parmi les autres poissons qui peuvent se cuire à la poêle, il y a tous les poissons plats, l'orphie, le merlan, le saint-pierre, la sole, la perche, le rouget et le cabillaud.

Le temps de cuisson dépend de la qualité de la poêle, de la température, de la taille et de la sorte de poisson.

Utilisez une mayonnaise maison ou une mayonnaise toute prête comme base pour la sauce tartare.

Retirez la peau des filets.

À l'aide d'une spatule, retournez les filets.

Poisson en papillotes

La cuisson en papillote convient très bien au poisson, qui reste tendre et délicat. Emballée dans du papier d'aluminium (ou du papier sulfurisé), la chair cuit à la vapeur, dans son propre jus et ne se dessèche pas. Pour lui donner plus de goût, ajoutez un peu de beurre, des herbes fraîches, du citron… Une grande variété d'ingrédients peuvent entrer dans la composition des papillotes.

On peut faire cuire en papillotes un poisson entier, des darnes ou des filets. Les poissons qui se prêtent particulièrement bien à cette cuisson sont le bar, la brème, le merlan, la lotte, le mulet, la perche, le cabillaud et la sole.

Utilisez un papier d'aluminium de bonne qualité (doublez-le si la feuille est fine), puis enveloppez entièrement le poisson (comme expliqué ci-dessous).

Poivrez le poisson en papillote.

Repliez les bords du papier d'aluminium pour bien enfermer le poisson.

Poisson en papillotes au citron et au piment

Pour 2 personnes.

PRÉPARATION 10 MINUTES
CUISSON 25 MINUTES

2 x 200 g de darnes de poisson blanc

30 g de beurre

2 c. s. de jus de citron jaune ou vert

poivre noir

2 ciboules, finement émincées

1 c. s. de gingembre frais, finement émincé

1 piment rouge, finement émincé

2 c. c. de zeste de citron, finement râpé

1 Placez chaque darne de poisson sur du papier d'aluminium. Repliez les bords de la feuille pour envelopper partiellement le poisson.

2 Mettez le beurre, divisé en deux morceaux, dans chaque papillote, puis versez le jus et le poivre sur le dessus des darnes.

3 Fermez complètement les papillotes et posez-les sur une plaque du four. Faites cuire à four moyen 20 minutes environ, jusqu'à ce que la chair du poisson se départage facilement lorsque vous la piquez avec une fourchette.

4 Entre-temps, mélangez les ciboules, le gingembre, le piment et le zeste dans un petit bol.

5 Garnissez le poisson avec la sauce. Refermez les papillotes et poursuivez la cuisson au four pendant 5 minutes.

Par portion lipides 16,7 g ; 1 334 kJ

Friture

La friture est un mode de cuisson efficace si elle est exécutée dans les règles de l'art. Cette méthode convient particulièrement aux aliments dont le temps de cuisson est court, comme les galettes, les boulettes, les fruits de mer, le poulet et les fruits. Les aliments sont en principe nappés d'une pâte ou d'une panure pour les garder intacts. Il est important d'utiliser une poêle à frire large et profonde, avec un fond épais de préférence. Nous utilisons une poêle de 25 cm de diamètre et profonde de 10 cm environ.

Ne couvrez jamais la poêle. Pour vous faciliter la tâche, utilisez un panier à friture ou une écumoire pour plonger les aliments dans l'huile, puis les retirer sans les abîmer.

Plongez les galettes de saumon dans l'huile chaude.

Il existe des friteuses avec un thermostat automatique. Suivez toujours les instructions du fabricant lorsque vous vous en servez.

Huile pour la friture
Pour la friture, utilisez une huile de bonne qualité à usages multiples. Lisez l'étiquette pour vérifier si l'huile supporte les hautes températures. Il existe également différentes sortes de matières grasses dures qui se prêtent à la friture.

Versez de l'huile dans la poêle jusqu'à mi-hauteur ou légèrement au-dessus. Veillez à ne pas en mettre trop, car l'huile pourrait déborder et provoquer un accident.

Faites chauffer l'huile sans couvrir, à une température très élevée. Comme l'huile chauffe très rapidement, ne laissez pas la poêle sans surveillance (l'huile peut brûler et prendre feu si elle est trop chaude).

L'huile est assez chaude une fois qu'elle est parfaitement plate et qu'une légère brume (et non de la fumée) s'élève de la surface. Si vous avez des doutes, laissez tomber un morceau de pain dans l'huile. Il doit couler jusqu'au fond, puis remonter à la surface presque aussitôt et prendre une couleur brun doré.

La meilleure façon de contrôler la température de l'huile, c'est d'utiliser un thermomètre. Vous en trouverez en quincaillerie ou dans les magasins spécialisés. Pour presque tous les aliments, la température idéale de l'huile se situe à 190 °C.

Une fois que l'huile a servi, laissez-la refroidir à température ambiante, puis égouttez-la soigneusement et transvasez-la dans la bouteille ou un pot en verre. Conservez-la au frais. Si l'huile contient des petits résidus de friture, couvrez le fond de la passoire avec du papier absorbant pour filtrer l'huile.

Comme l'huile absorbe les saveurs, vous constaterez très vite qu'il est préférable de réserver l'huile utilisée pour la friture d'aliments épicés à cet usage uniquement, de la même manière que l'huile utilisée pour faire frire du poisson doit être réservée au poisson. Par contre, utilisez une huile fraîche pour faire frire les aliments sucrés.

Faire frire des galettes de saumon
La friture est idéale pour obtenir des galettes de saumon cuites à point et qui ne se défont pas.

Prenez du saumon en boîte et égouttez-le très soigneusement car l'eau risque de défaire la galette et de provoquer des éclaboussures d'huile durant la cuisson. Retirez la peau foncée et toutes les arêtes. Vous pouvez remplacer le saumon par du thon.

Les pommes de terre doivent être réduites en fine purée à l'aide d'une fourchette ou d'un presse-purée. Il est important de bien les égoutter avant de les écraser. N'ajoutez pas de beurre, de lait, de crème ou d'eau afin de ne pas ramollir la préparation. Vous pouvez utiliser un reste de pommes de terre, à condition de ne rien y ajouter lorsque vous les écrasez.

Ne mettez pas les pommes de terre dans un robot car elles vont devenir collantes.

Pour cette recette, n'oubliez pas de hacher finement le poivron et le céleri. Si les dés sont trop gros, la galette se cassera.

Vous pouvez utiliser de la chapelure toute prête ou en faire vous-même avec du pain rassis passé au robot ou râpé à la main. Utilisez l'une ou l'autre ou un mélange des deux.

Donnez aux galettes la taille que vous souhaitez. Transformées en boulettes de 3 cm, elles feront de délicieux hors-d'œuvre que vous pourrez servir à l'apéritif. Dans ce cas, n'oubliez pas qu'elles peuvent être réchauffées au four très rapidement.

Faire réchauffer des galettes Il est possible de réchauffer des galettes de poisson en les plongeant une seconde fois dans la friture, mais elles perdront en saveur. La meilleure solution consiste à les réchauffer au four. Disposez-les sur une plaque de cuisson, en laissant 1 cm d'espace entre chacune. Couvrez de papier d'aluminium, que vous transpercerez de petits trous pour permettre à la vapeur de s'échapper. Mettez à four moyen 15 minutes environ, jusqu'à ce que les galettes soient bien chaudes.

Ajoutez le jus aux autres ingrédients du saladier.

Badigeonnez les galettes avec le mélange œuf-lait.

Galettes de saumon

Les galettes de saumon sont aussi délicieuses chaudes que froides.

Pour 8 personnes.

PRÉPARATION 20 MINUTES • RÉFRIGÉRATION 30 MINUTES • CUISSON 15 MINUTES

5 petites pommes de terre (480 g)
440 g de saumon en boîte
1 branche de céleri, sans les feuilles (45 g), finement hachée
1 petit oignon blanc (80 g), râpé
1 petit poivron rouge (150 g), finement haché
1 c. s. de persil plat frais, finement haché
1 c. c. de zeste de citron, râpé
1 c. s. de jus de citron
75 g de farine, environ
1 œuf, légèrement battu
2 c. s. de lait
100 g environ de chapelure en paquet
70 g environ de miettes de pain rassis
huile végétale, pour la friture

1 Faites cuire les pommes de terre à l'eau, à la vapeur ou au micro-ondes jusqu'à ce qu'elles soient tendres. Égouttez-les soigneusement, puis transvasez-les dans un saladier de taille moyenne. À l'aide d'une fourchette ou d'un presse-purée, réduisez-les en une purée homogène. Égouttez soigneusement le saumon, puis retirez la peau et les arêtes. Incorporez-le dans le saladier, puis écrasez-le avec une fourchette. Ajoutez ensuite le céleri, l'oignon, le poivron, le persil, le zeste et le jus de citron. Mélangez soigneusement à l'aide d'une fourchette. Couvrez et placez au frais 30 minutes pour ensuite faciliter la confection des galettes.

2 Divisez la préparation de saumon en huit parts égales. Travaillez chaque part jusqu'à obtenir une galette. Saupoudrez de farine, puis secouez pour enlever l'excédent. À l'aide d'un pinceau, enduisez les galettes du mélange œuf-lait, puis panez avec le mélange de chapelure-miettes de pain. Si nécessaire, retravaillez la forme de la galette tout en la tapotant pour bien intégrer la chapelure.

3 Mettez les galettes dans le panier à friture, en plusieurs fois, puis abaissez-le doucement dans l'huile chaude. Laissez frire 2 minutes environ, jusqu'à ce qu'elles soient brun doré. Égouttez-les sur du papier absorbant. Servez accompagné de quartiers de citron.

Par portion lipides 28,6 g ; 1 581 kJ

L'astuce du chef

Les galettes peuvent être préparées la veille et conservées au frais, couvert

Sauce Mornay

Ajoutez du fromage à votre béchamel pour obtenir une sauce Mornay, délicieuse base pour la réalisation de nombreux plats savoureux. Les ingrédients que vous pouvez ajouter à cette sauce sont variés : œufs durs, saumon, poisson fumé, poulet cuit, asperges et une grande variété de légumes.

Gratin de thon à la sauce Mornay

Pour 2 personnes.

PRÉPARATION 10 MINUTES • CUISSON 25 MINUTES

Vous pouvez remplacer la crème par du lait. Nous avons ajouté un peu de crème pour rendre le plat plus nourrissant.

30 g de beurre

1 oignon moyen (150 g), finement haché

1 branche de céleri (75 g), sans les feuilles, finement hachée

1 c. s. de farine

180 ml de lait

125 ml de crème

40 g de cheddar râpé

130 g de maïs, égoutté

185 g de thon en boîte, égoutté

35 g de chapelure

30 g de cheddar râpé, supplémentaires

Versez le mélange de lait et de crème en remuant.

1 Faites fondre le beurre dans une casserole de taille moyenne. Faites revenir l'oignon et le céleri à feu moyen 3 minutes environ, sans cesser de remuer, jusqu'à ce que l'oignon soit tendre. Ajoutez la farine et faites blondir en remuant pendant 1 minute, jusqu'à ce que le mélange fasse des bulles. Versez graduellement le mélange de lait et de crème, sans cesser de remuer, et faites cuire à feu vif jusqu'à ce que le mélange bouillonne et épaississe.

2 Retirez du feu et ajoutez le fromage, le maïs et le thon. Remuez délicatement jusqu'à ce que le fromage ait fondu. À l'aide d'une cuillère, transvasez le mélange dans deux plats en verre (500 ml) allant au four. Saupoudrez le dessus avec la chapelure et le fromage supplémentaire. Mettez à four moyen 15 minutes environ, jusqu'à ce que le tout soit bien chaud.

Par portion lipides 58,2 g ; 3 408 kJ

L'ASTUCE DU CHEF

Cette recette peut être préparée la veille, conservée au frais, couverte, et cuite au four le lendemain.

Au micro-ondes Mélangez le beurre, l'oignon et le céleri dans un plat adapté au micro-ondes. Faites cuire à température maximale 3 minutes environ, jusqu'à ce que l'oignon soit tendre. Ajoutez la farine, puis le lait et la crème. Poursuivez la cuisson à température maximale 2 minutes environ, jusqu'à ce que la préparation bouillonne et épaississe, en remuant deux fois durant la cuisson.

Incorporez le fromage, le maïs et le thon, puis saupoudrez le dessus avec la chapelure et le supplément de fromage. Remettez dans le four à température maximale, sans couvrir, 3 minutes environ, jusqu'à ce que le fromage ait fondu.

Viandes

Le bœuf, le veau, le porc et l'agneau se prêtent à de multiples accommodements. Selon le morceau, vous pouvez choisir de faire un rôti, une grillade, un curry ou encore un ragoût. Les morceaux meilleurs marchés doivent cuire plus longtemps et sont généralement réservés aux préparations en sauce. Mais une cuisson lente à feu doux donne une viande tendre, qui se coupe à la fourchette.

Pain de viande aux oignons caramélisés

Pour 4 personnes.

PRÉPARATION 15 MINUTES • CUISSON 1 HEURE

1 oignon moyen (150 g), haché grossièrement
1 grande carotte (180 g), coupée en gros dés
1 branche de céleri (75 g), sans les feuilles, coupée en gros dés
1 gousse d'ail, coupée en quatre
150 g de chapelure
2 c. c. de moutarde en poudre
750 g de viande de bœuf, hachée
2 œufs, légèrement battus
2 c. c. de sauce au piment douce
1 1/2 c. s. de sauce barbecue
125 ml de sauce tomate
20 g de beurre
3 oignons moyens (450 g), émincés en fines tranches, supplémentaires
2 c. s. de sucre roux, bien tassé
2 c. s. de vinaigre de cidre

1 Mélangez l'oignon, la carotte, le céleri et l'ail au robot jusqu'à ce qu'ils soient finement hachés, puis versez le tout dans un grand saladier. Ajoutez la chapelure, la moutarde, la viande hachée, les œufs et la moitié des sauces. Travaillez le tout à la main pour bien mélanger les ingrédients.

2 Transvasez la préparation dans un moule à gâteau et donnez-lui la forme d'un pain de 10 cm x 30 cm.

3 À l'aide d'un pinceau, badigeonnez le dessus du pain avec le reste du mélange de sauces. Faites cuire à four moyen, sans couvrir, 1 heure environ, jusqu'à ce que le pain soit bien cuit. Mouillez de temps à autre le dessus du pain avec un peu du mélange de sauces.

4 Entre-temps, faites fondre le beurre dans une grande casserole à fond épais, puis faites revenir le supplément d'oignons, en remuant, 10 minutes environ, jusqu'à ce qu'ils soient tendres et légèrement dorés. Versez le sucre et le vinaigre. Poursuivez la cuisson, en remuant, 15 minutes environ, jusqu'à ce que les oignons caramélisent.

Par portion lipides 25,9 g ; 2 689 kJ

L'ASTUCE DU CHEF

Le pain à la viande peut être préparé la veille et conservé au frais, couvert, ou au congélateur jusqu'à trois mois.

Le bœuf et le veau

La viande de bœuf offre un grand choix de morceaux. Parmi les plus fins (qui sont aussi les plus chers), on peut citer le filet, dans lequel on peut préparer des tournedos, qui ne demandent qu'une cuisson rapide. Les moins tendres (épaule ou jarret) exigent une cuisson prolongée.

Dans ce chapitre, nous avons sélectionné des plats en sauce, mais aussi quelques recettes à préparer avec de la viande hachée ou encore des morceaux à griller, pour les amateurs de viande saignante.

Grands classiques de la cuisine familiale, les plats de viande en sauce sont généralement assez bon marché et peuvent se préparer à l'avance pour être réchauffés au dernier moment. Les morceaux les plus fins du bœuf, grillés et servis avec des sauces variées, peuvent constituer un plat délicat pour un repas raffiné. Pour choisir le bon morceau en fonction de la recette retenue, n'hésitez pas à demander conseil à votre boucher.

Le veau est plus maigre que le bœuf et sa chair est plus pâle. Le veau a tendance à sécher à la cuisson : pour pallier cet inconvénient, il faut l'arroser souvent en cours de cuisson (notamment si c'est un ragoût) ou le couvrir d'une farce à la chapelure.

Pain de viande

Pour cette recette, demandez à votre boucher une viande de bœuf hachée aussi maigre que possible. Le pain de viande peut être servi chaud en plat principal, accompagné de légumes, ou froid avec une salade. Il est idéal pour le déjeuner ou les pique-niques et fera une farce savoureuse pour un sandwich.

Boulettes aux herbes et sauce aux champignons

Pour 4 personnes.

PRÉPARATION 15 MINUTES • CUISSON 25 MINUTES

375 g de bœuf haché
1 petit oignon (80 g), finement haché
1 petite carotte (70 g), râpée grossièrement
1 petit poivron rouge (150 g), finement haché
1/2 c. c. de thym séché
1 gousse d'ail, écrasée
1 œuf, légèrement battu
35 g de farine, environ
15 g de beurre
2 c. c. d'huile végétale

Sauce aux champignons

2 c. s. de farine
2 c. s. de vin rouge
250 ml de bouillon de bœuf
3 ciboules, finement hachées
60 g de champignons de Paris, finement émincés

1 Mettez la viande, l'oignon, la carotte, le poivron, le thym, l'ail et l'œuf dans un saladier de taille moyenne. À l'aide d'une cuillère en bois, mélangez les ingrédients jusqu'à obtention d'une préparation homogène.

2 Façonnez quatre grosses boulettes, puis aplatissez-les légèrement. Versez la farine dans une assiette creuse ou un plat, puis roulez les boulettes l'une après l'autre avant de les secouer pour enlever l'excédent de farine.

3 Faites chauffer le beurre et l'huile à feu moyen, dans une poêle à frire de taille moyenne. Faites cuire les boulettes 10 minutes environ de chaque côté, jusqu'à ce qu'elles soient bien cuites. Égouttez-les sur du papier absorbant.

Sauce aux champignons Prélevez l'équivalent de 2 cuillerées à soupe du liquide de cuisson resté au fond de la poêle et versez-le dans une petite casserole. Ajoutez la farine, remuez et faites cuire à feu moyen 1 minute environ, jusqu'à ce que le mélange de farine brunisse légèrement. Versez progressivement le mélange de vin et de bouillon. Augmentez le feu au maximum et laissez cuire, sans cesser de remuer, jusqu'à ce que la sauce fasse des petits bouillons et épaississe. Ajoutez les ciboules et les champignons, puis laissez mijoter 2 minutes. Dressez les boulettes dans un plat. Versez la sauce sur le dessus et servez avec les légumes de votre choix.

Par portion lipides 15,8 g ; 1 328 kJ

L'ASTUCE DU CHEF

Les boulettes peuvent être préparées la veille et mises au frais, couvertes. Vous pouvez les congeler si elles sont crues et pas encore roulées dans la farine.

Travaillez la préparation pour obtenir des boulettes.

Retournez les boulettes à l'aide d'une spatule.

Boulettes de viande

Les boulettes ou les galettes de viande sont à la fois saines et délicieuses. Choisissez une viande hachée d'excellente qualité ou hachez vous-même un steak.

Les boulettes se mangent aussi bien chaudes que froides. Elles sont idéales pour un pique-nique ou un déjeuner sur le pouce. Cette préparation permet également de confectionner des boulettes plus petites, d'un diamètre de 3 cm, à servir comme amuse-gueules à l'heure de l'apéritif.

Les boulettes se réchauffent facilement. Répartissez-les en une seule couche sur une plaque du four et recouvrez de papier d'aluminium. Piquez la feuille pour permettre à la vapeur de s'échapper et faites réchauffer à four moyen 10 à 20 minutes, jusqu'à ce que les boulettes soient bien chaudes.

Pour éviter que la viande n'attache, vous pouvez graisser légèrement la poêle avec un peu d'huile ou de beurre, sauf si vous possédez une bonne poêle antiadhésive. Les boulettes rendent assez de jus pour préparer la sauce aux champignons.

À feu moyen, mélangez la farine avec le jus de cuisson.

Incorporez les ciboules et les champignons dans la sauce.

Ragoût de bœuf au vin rouge

Pour 2 personnes.

PRÉPARATION 15 MINUTES
CUISSON 1 H 50

375 g de bœuf à braiser
3 tranches de lard (210 g)
6 petits oignons blancs (480 g)
15 g de beurre
2 c. c. d'huile d'olive
30 g de beurre, supplémentaires
1 gousse d'ail, écrasée
1 1/2 c. s. de farine
2 c. c. de purée de tomates
180 ml de bouillon de bœuf
60 ml de vin rouge

1 Retirez le gras de la viande, puis coupez-la en morceaux de 3 cm. Retirez la couenne du lard, puis coupez-le en gros morceaux. Pelez les oignons, sans entamer la racine afin qu'ils restent entiers durant la cuisson.

2 Faites chauffer le beurre et l'huile dans une grande sauteuse jusqu'à la formation d'une mousse. Faites rissoler la moitié de la viande à feu vif, en remuant constamment, jusqu'à ce que les morceaux soient dorés de chaque côté. Retirez la viande de la sauteuse pour la transvaser dans un plat allant au four, en conservant le mélange de beurre et d'huile dans la sauteuse. Procédez de la même manière pour le restant de viande, puis ajoutez-le au plat qui est au four.

3 Déposez le lard et les oignons dans la sauteuse. Faites revenir à feu vif, sans cesser de remuer, jusqu'à ce que les oignons soient légèrement dorés, puis réservez.

4 Ajoutez le supplément de beurre. Sans cesser de remuer, faites revenir l'ail à feu modéré 30 secondes. Ajoutez la farine, puis faites cuire à feu modéré, en remuant, jusqu'à ce que le mélange brunisse. Retirez du feu, puis versez progressivement le mélange de purée de tomates, de bouillon et de vin. Remettez sur le feu et portez à ébullition, sans cesser de remuer, jusqu'à ce que le mélange fasse des petits bouillons et épaississe.

5 Versez le mélange sur la viande qui est au four. Mettez un couvercle ou couvrez de papier d'aluminium et poursuivez la cuisson à feu moyen 1 heure. Ajoutez ensuite les oignons et le lard. Couvrez à nouveau et poursuivez la cuisson 30 minutes environ, jusqu'à ce que la viande soit tendre.

Par portion lipides 37 g ; 2 580 kJ

L'ASTUCE DU CHEF

Vous pouvez remplacer le bœuf à braiser par d'autres morceaux, tels que le gîte, l'épaule ou l'aiguillette dont le temps de cuisson est presque le même. Ce ragoût peut être préparé jusqu'à trois jours à l'avance et conservé au frais, couvert. Une fois cuit, le ragoût peut être conservé au congélateur jusqu'à trois mois.

Ragoûts

Ce type de cuisson attendrit la viande, même les morceaux les plus fermes. Le temps de cuisson est en fonction de la qualité de la viande. Certaines parties ont besoin de cuire plus longtemps pour devenir moelleuses. Sur ce point, n'hésitez pas à demander conseil à votre boucher.

Les ragoûts peuvent être cuits au four ou sur le feu.

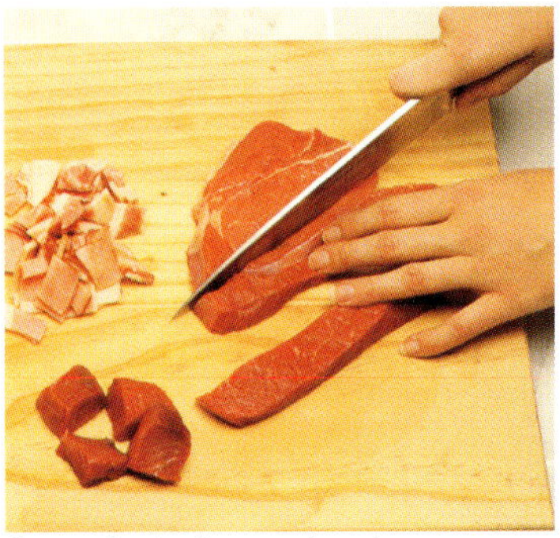

Coupez la viande en petits cubes.

Faites-la revenir dans le beurre et l'huile.

Nappez la viande de sauce.

Sauté de veau à la tomate

Pour 2 personnes.

PRÉPARATION 10 MINUTES • CUISSON 1 H 15

2 grosses côtelettes de veau (580 g)

35 g de farine

1 c. s. d'huile d'olive

1 oignon moyen (150 g), finement émincé

60 ml de vin blanc

125 ml de bouillon de bœuf

2 c. c. de sucre

2 tomates moyennes (380 g), pelées et hachées grossièrement

1 c. s. d'origan frais, haché grossièrement

6 olives noires, entières

1 Mettez les côtelettes et la farine dans un saladier de taille moyenne. Recouvrez la viande de farine, puis secouez légèrement pour enlever l'excédent. Réservez 1 cuillerée à soupe de farine.

2 Faites chauffer l'huile dans une sauteuse moyenne, puis faites rissoler les côtelettes à feu vif jusqu'à ce qu'elles soient dorées de chaque côté. Disposez-les en une seule couche dans un plat allant au four.

3 Mettez l'oignon dans la sauteuse et faites revenir à feu moyen jusqu'à ce qu'il blondisse. Saupoudrez la farine réservée sur l'oignon et faites revenir à feu moyen, sans cesser de remuer, jusqu'à ce que le mélange de farine brunisse légèrement.

4 Incorporez progressivement le mélange de vin, de bouillon et de sucre, puis portez à ébullition, sans cesser de remuer, jusqu'à ce que le liquide bouillonne et épaississe. Ajoutez les tomates et l'origan, puis remuez.

5 Versez la sauce dans le plat, couvrez et mettez à four moyen 1 heure environ, jusqu'à ce que les côtelettes soient tendres. Ajoutez les olives avant de servir.

Par portion lipides 13,8 g ; 1 665 kJ

L'ASTUCE DU CHEF

Cette recette peut être préparée 2 jours à l'avance et conservée au frais, couverte, ou au congélateur jusqu'à deux mois.

Recouvrez le veau de farine.

Versez progressivement le mélange de vin.

Versez la préparation dans un plat à gratin.

Bœuf Stroganoff

Ce plat composé de morceaux de bœuf cuits dans une sauce à la crème épicée est d'origine russe. L'idéal est de choisir un morceau tendre, pris dans le filet, ou le rumsteck, pour rendre la cuisson plus rapide et le plat plus savoureux.

Si vous souhaitez préparer ce plat pour davantage de personnes, pensez à utiliser une casserole plus grande comme une sauteuse.

Il est important de bien saisir la viande en début de cuisson. Dès que la sauteuse est très chaude, faites revenir la viande rapidement pour sceller les sucs. Procédez en plusieurs fois afin que les morceaux soient tous bien saisis. Si vous procédez trop rapidement ou si la sauteuse n'est pas assez chaude, le bœuf durcira et cuira comme un ragoût.

Émincez la viande en fines tranches.

Faites rissoler la viande avec le mélange d'oignons.

Ajoutez les champignons, le jus de citron et le vin.

Incorporez la purée de tomates et la crème aigre, sans cesser de remuer.

Bœuf Stroganoff

Pour 2 personnes.

PRÉPARATION 15 MINUTES • CUISSON 15 MINUTES

375 g de rumsteck entier
3 c. c. de farine
1/2 c. c. de paprika
30 g de beurre
1 petit oignon (80 g), finement haché
1 petite gousse d'ail, écrasée
125 g de petits champignons
2 c. c. de jus de citron
1 c. s. de vin rouge
1 c. s. de purée de tomates
180 g de crème aigre
1 c. s. de ciboulette fraîche, finement hachée

1 Emballez le rumsteck dans un sachet en plastique alimentaire et mettez-le au congélateur 30 minutes, jusqu'à ce qu'il soit partiellement congelé. Retirez le sachet puis, à l'aide d'un couteau bien aiguisé, émincez la viande en fines tranches. Mettez les tranches dans le sachet en plastique, ajoutez la farine et le paprika, puis secouez jusqu'à ce que les tranches soient bien enrobées du mélange de farine.

2 Faites fondre le beurre dans une casserole de taille moyenne. Faites revenir l'oignon et l'ail jusqu'à ce que l'oignon soit tendre. Augmentez le feu au maximum et saisissez les tranches de viande, en plusieurs fois, sans cesser de remuer, jusqu'à ce qu'elles soient dorées des deux côtés.

3 Incorporez la viande dans la casserole, puis ajoutez les champignons, le jus et le vin. Remuez les ingrédients jusqu'à obtention d'un mélange homogène. Réduisez le feu, puis couvrez et laissez mijoter à feu doux 5 minutes environ, jusqu'à ce que la viande soit tendre.

4 Ajoutez la purée de tomates et la crème aigre, puis remuez constamment sur le feu jusqu'à ce que le mélange soit bien chaud. Servez accompagné de riz ou de pâtes. Saupoudrez de ciboulette avant de servir.

Par portion lipides 56 g ; 3 078 kJ

L'ASTUCE DU CHEF

Cette recette peut être préparée la veille, à condition de n'ajouter la crème aigre et la purée de tomates qu'au dernier moment. Elle peut également être conservée au congélateur jusqu'à deux mois, sans les champignons, la crème aigre et la purée de tomates. Ces ingrédients seront incorporés après que la préparation aura été réchauffée.

Le tournedos

Le tournedos est un petit pavé de bœuf rond, de 3 cm d'épaisseur environ. De nombreux restaurants le servent enrobé dans une tranche de lard, spécialité que vous pouvez facilement réaliser chez vous.

Le tournedos doit être cuit à la dernière minute. Son jus de cuisson vous servira pour préparer la sauce qui l'accompagne.

Pour cette recette, nous avons choisi un tournedos coupé dans le filet, comme le veut la tradition, car c'est la partie la plus tendre et la plus fine du bœuf. C'est un morceau sans os, avec très peu de gras.

Demandez à votre boucher de couper des tournedos de taille et d'épaisseur égales.

Tournedos sauce aux champignons

Pour 2 personnes.

PRÉPARATION 15 MINUTES • CUISSON 15 MINUTES

2 tranches de lard (140 g)

2 tranches de filet de bœuf (400 g)

15 g de beurre

1 c. s. d'huile d'olive

1 oignon blanc moyen (150 g), finement haché

125 g de champignons de Paris, finement émincés

3 c. c. de Maïzena

250 ml de bouillon de bœuf

1/2 c. c. de fines herbes séchées

1 Avec un couteau bien aiguisé, retirez la couenne du lard. Enroulez une tranche de lard autour de chaque tournedos et fixez-la avec une brochette ou un cure-dent.

2 Faites chauffer le beurre et l'huile dans une poêle à fond épais, puis faites sauter les tournedos à feu vif 2 minutes environ, jusqu'à ce que le dessous soit doré. Retournez les tournedos et faites à nouveau sauter à feu vif jusqu'à ce que le dessous soit doré. Réduisez le feu et poursuivez la cuisson jusqu'à ce que la viande soit à votre convenance. Transvasez les tournedos dans un plat allant au four. Couvrez et réservez au chaud dans le four à basse température, le temps de préparer la sauce aux champignons.

3 Ajoutez l'oignon dans le mélange de beurre resté au fond de la poêle et faites cuire à feu moyen, en remuant sans cesse, jusqu'à ce que l'oignon soit tendre. Ajoutez les champignons et poursuivez la cuisson pendant 2 minutes, jusqu'à ce que les champignons soient à peine tendres. Délayez la Maïzena dans 1 cuillerée à soupe de bouillon avant de l'ajouter au bouillon et aux herbes. Versez le liquide dans la poêle et laissez cuire à feu vif, en remuant sans cesse, jusqu'à ce que la sauce fasse de petits bouillons et épaississe. Dressez les tournedos sur les assiettes, puis nappez de sauce. Servez aussitôt avec des légumes de votre choix.

Par portion lipides 31,6 g ; 2 384 kJ

L'ASTUCE DU CHEF

Cette recette sera meilleure si vous la préparez juste avant de passer à table.

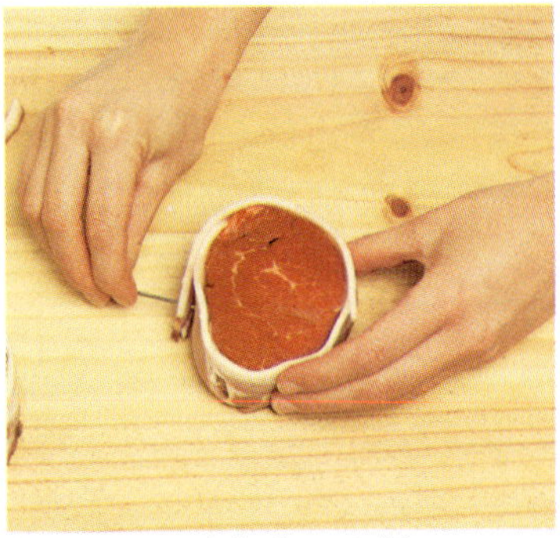

Pour éviter que le lard ne se défasse, piquez-le avec une brochette.

Faites cuire les tournedos jusqu'à ce que le dessous soit doré.

Entrecôtes de bœuf aux trois beurres

Pour 8 personnes.

PRÉPARATION 10 MINUTES • CUISSON 10 MINUTES • RÉFRIGÉRATION 30 MINUTES

Les quantités données pour chacune des sauces sont suffisantes pour accompagner huit grands morceaux de bœuf. Vous pouvez choisir d'autres morceaux de bœuf à griller, comme de l'onglet, du rumsteck ou de la bavette.

8 grandes entrecôtes de bœuf (2 kg)

Beurre au poivre

250 g de beurre, coupé en gros morceaux

2 c. s. de grains de poivre vert en boîte, égouttés

1/2 c. c. de poivre noir, moulu

1/2 c. c. de moutarde, en poudre

Beurre à la moutarde

250 g de beurre, coupé en gros morceaux

6 ciboules, finement hachées

2 c. s. de moutarde à l'ancienne

1 c. s. de jus de citron

Beurre au satay

250 g de beurre, coupé en gros morceaux

4 petits poivrons rouges (600 g), finement hachés

100 g de cacahuètes salées, finement hachées

1 c. s. de sauce de soja claire

1 Parez les entrecôtes en retirant autant de gras que possible. Préchauffez le gril sur la température la plus élevée. Disposez la viande sur la grille et faites-la griller jusqu'à ce que le dessous soit doré. Retournez-la et faites-la griller sur l'autre face. Quand la viande est cuite à votre convenance, servez aussitôt accompagné de la sauce au beurre de votre choix.

Préparation des sauces au beurre Préparez la sauce de votre choix en mélangeant le beurre et les ingrédients dans un petit saladier à l'aide d'un mixeur. Battez les ingrédients jusqu'à ce qu'ils forment un mélange homogène. À l'aide d'une cuillère, versez le mélange dans un morceau de papier d'aluminium dont vous aurez relevé les côtés pour lui donner une forme décorative (en rond ou en triangle). Rabattez le papier d'aluminium sur la sauce et pressez pour bien fermer. Réservez au frais 30 minutes, jusqu'à ce que la sauce soit ferme.

Par portion

Viande lipides 7,7 g ; 858 kJ

Sauce au poivre (1 c. s.) lipides 14,6 g ; 551 kJ

Sauce à la moutarde (1 c. s.) lipides 11,4 g ; 433 kJ

Sauce au satay (1 c. s.) lipides 13,6 g ; 541 kJ

Les grillades

La grillade a beaucoup de succès et convient particulièrement aux viandes maigres et tendres, qui supportent une cuisson rapide. L'idéal est la cuisson au barbecue mais, si vous ne disposez pas d'un bout de jardin, vous pouvez utiliser le gril de votre four ou, pour les petites quantités, un gril en fonte (réservé au feu à gaz).

Les meilleurs morceaux de bœuf pour les grillades sont le steack, l'entrecôte, l'aloyau, le rumsteck et le filet.

Viennent ensuite les morceaux coupés dans les quartiers de devant, comme la côte de bœuf (pour 4 convives au moins), ou les côtes couvertes.

Le temps de cuisson varie selon la puissance du gril, le morceau choisi, son épaisseur et, bien sûr, selon vos goûts.

D'autres aliments peuvent être grillés, notamment le veau, le porc, les saucisses, les côtelettes, le poulet, les fruits de mer et certains fruits ou légumes.

L'astuce du chef

Les sauces au beurre peuvent être préparées une semaine à l'avance et conservées au frais, dans du papier d'aluminium. Elles peuvent se conserver trois mois au congélateur.

Escalope de veau à la milanaise

Une escalope de veau traditionnelle, sautée à la poêle et cuite à la perfection, comblera les plus exigeants. Nous utilisons pour cette recette un mélange d'huile et de beurre, car l'huile empêche le beurre de brûler durant la cuisson. Avant d'être sauté à la poêle, le veau doit être enrobé de panure ou de chapelure pour éviter qu'il ne sèche. Il est important de ne pas faire cuire cette viande trop longtemps, car elle durcit et perd tout son moelleux.

Nous aimons utiliser un mélange de chapelure toute prête et de chapelure maison pour obtenir une panure plus tendre et bien dorée.

Escalope de veau à la milanaise

Pour 2 personnes.

PRÉPARATION 20 MINUTES • RÉFRIGÉRATION 1 HEURE • CUISSON 10 MINUTES

4 escalopes de veau (500 g)
35 g de farine
1 œuf, légèrement battu
60 ml de lait
50 g de chapelure ordinaire
35 g de chapelure maison
2 c. s. d'huile d'olive
30 g de beurre

1 À l'aide d'un couteau bien aiguisé, retirez la fine peau qui recouvre la viande afin que l'escalope ne se rétracte pas durant la cuisson.

2 Servez-vous d'un maillet à viande et aplatissez chaque côté de l'escalope jusqu'à ce qu'elle soit relativement fine. Coupez les bords pour donner une forme régulière à l'escalope.

3 Saupoudrez légèrement les escalopes de farine, puis secouez pour enlever l'excédent.

4 Trempez-les ensuite dans le mélange d'œuf et de lait.

5 Panez avec le mélange de chapelures en pressant fermement sur la chapelure, puis mettez au frais 1 heure.

6 Faites chauffer le beurre et l'huile dans une grande poêle, puis faites sauter les escalopes à feu moyen 3 minutes environ, de chaque côté, jusqu'à ce que la panure soit brun doré. Égouttez sur du papier absorbant. Servez aussitôt, accompagné de légumes chauds ou d'une salade et de quartiers de citron.

Par portion lipides 41,1 g ; 3 018 kJ

L'astuce du chef

Il est possible de paner les escalopes la veille et de les conserver au frais, couvertes.

Retirez la fine peau qui recouvre les escalopes.

Aplatissez les escalopes jusqu'à ce qu'elles soient relativement fines.

Saupoudrez l'escalope de farine.

Trempez l'escalope dans le mélange œuf-lait.

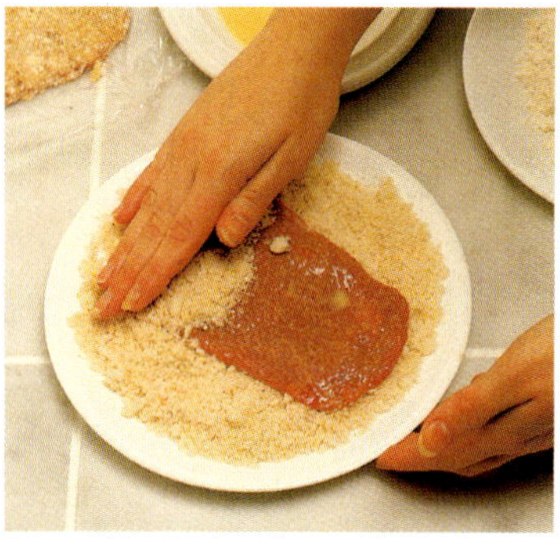

Pressez bien la chapelure sur la viande.

Faites cuire l'escalope dans l'huile et le beurre.

Côtelettes de porc aux deux sauces

Pour 2 personnes.

PRÉPARATION 10 MINUTES • CUISSON 15 MINUTES

2 côtelettes de porc (310 g), désossées
3 c. c. d'huile d'olive

Sauce aux graines de carvi

1 c. c. de graines de carvi
2 c. c. de farine
125 ml de bouillon de volaille
2 c. c. de purée de tomates
1 c. s. de vinaigre de vin
1 c. c. de sucre roux

Sauce aux groseilles

2 c. c. de farine
125 ml de bouillon de volaille
1 c. s. de gelée de groseilles
1 c. s. de ciboulette fraîche, grossièrement hachée

1 À l'aide d'un couteau tranchant, retirez l'excès de gras de la viande. Faites chauffer l'huile dans une grande poêle, puis faites cuire les côtelettes à feu vif 5 minutes de chaque côté environ, jusqu'à ce qu'elles soient dorées et tendres. Retirez la viande de la poêle, couvrez et réservez au chaud dans le four à basse température, le temps de préparer les sauces. Videz le jus de cuisson, en gardant l'équivalent de 2 cuillerées à café.

2 Servez avec les sauces et les légumes de votre choix.

Sauce aux graines de carvi Faites chauffer le jus de cuisson réservé dans la poêle, puis faites revenir les graines, en couvrant, 1 minute environ, jusqu'à ce qu'elles commencent à éclater. Ajoutez la farine et poursuivez la cuisson à feu vif, sans cesser de remuer, 1 minute environ, jusqu'à ce que le mélange brunisse légèrement. Retirez la poêle du feu et versez graduellement le bouillon. Remuez jusqu'à ce que le mélange soit lisse. Versez la purée de tomates, le vinaigre et le sucre tout en mélangeant. Remettez sur le feu et portez à ébullition, sans cesser de remuer, jusqu'à ce que le mélange fasse de petits bouillons et épaississe.

Sauce aux groseilles Faites chauffer le jus de cuisson réservé dans la poêle, puis incorporez la farine et faites cuire à feu vif, sans cesser de remuer, jusqu'à ce que le mélange brunisse. Retirez la poêle du feu et versez graduellement le bouillon. Remuez jusqu'à ce que le mélange soit lisse. Remettez sur le feu et portez à ébullition, sans cesser de remuer, jusqu'à ce que le mélange fasse de petits bouillons et épaississe. Incorporez la gelée et la ciboulette, puis mélangez. Nous laissons tels quels les petits morceaux de gelée qui flottent à la surface. Si vous préférez, continuez à mélanger la sauce sur le feu jusqu'à ce que la gelée ait complètement fondu.

Par portion
Porc à la sauce aux graines de carvi lipides 12,5 g ; 1 131 kJ
Porc à la sauce aux groseilles lipides 12,4 g ; 1 223 kJ

Le porc

Bien préparée, cette viande peut être très bonne, qu'elle soit servie en rôti, en filet ou en côtelette. Son goût est souvent relevé avec des sauces aussi nombreuses que variées. Autrefois, on faisait cuire le porc

très longtemps car, selon une idée répandue, seule une cuisson très longue pouvait éliminer les bactéries contenues dans la viande. En fait, comme toutes les viandes blanches, le porc doit être cuit à point (il ne doit pas être rosé à l'intérieur et le jus qui s'en écoule doit être clair), mais il n'est pas très bon de le faire cuire trop longtemps car il se dessèche rapidement et perd beaucoup de sa saveur. Avant la cuisson, retirez l'excès de graisse.

L'ASTUCE DU CHEF

Cette recette est meilleure si elle est préparée juste avant de passer à table.

Ajoutez la farine dans le jus de cuisson.

Allongez la sauce avec le bouillon.

Mélangez la farine au jus de cuisson en remuant bien.

Incorporez progressivement le bouillon.

Ajoutez la gelée et la ciboulette, puis remuez.

Côtelettes de porc

Ces côtelettes sont prises dans le milieu du filet, puis coupées en deux et entaillées à plat jusqu'à l'os. Ne faites pas cuire trop longtemps le porc, sinon il devient dur et sec. Nous vous proposons deux sauces au choix. La première est salée et parfumée aux graines de carvi. La seconde est légèrement sucrée et parfumée à la gelée de groseilles. Ces sauces peuvent également accompagner un filet ou des côtes de porc.

Rôti de porc aux légumes, sauce à la pomme

Pour 4 personnes.

PRÉPARATION 30 MINUTES • CUISSON 2 H 10

Ce rôti de porc est accompagné de tranches de kumara, sorte de patate douce à chair orangée.

1,5 kg de longe de porc non désossée

1 c. s. d'huile végétale

2 c. c. de gros sel

4 grosses pommes de terre (1,2 kg)

1 kumara moyen (400 g), coupé en gros morceaux

1 c. s. d'huile végétale, supplémentaire

1 c. s. de parmesan, râpé

200 g de brocolis

Farce aux abricots

25 g de chapelure maison

35 g d'abricots secs, finement hachés

2 c. s. de noix ou de noix de pécan, finement hachées

1 c. s. de persil plat frais, haché grossièrement

3 c. c. de sherry doux

Sauce à la pomme

1 petite pomme (130 g)

1 c. s. de sucre

60 ml d'eau

1 pincée de cannelle, moulue

1. Déroulez la viande et entaillez la partie la plus charnue pour y déposer l'assaisonnement.
2. Retournez-la, puis incisez la couenne à l'aide d'un couteau tranchant, en coupant assez profondément pour inciser gras sous la couenne. En cuisant, le gras donnera au filet une couverture croustillante.
3. Répartissez la farce aux abricots sur toute la longueur du morceau de viande, puis roulez ce dernier en serrant fermement.
4. Ficelez solidement le rôti avec une ficelle de cuisine.
5. Badigeonnez-le d'huile, puis frottez la surface avec le sel. Déposez la viande dans un plat à rôtir et faites cuire à four chaud 20 minutes environ, jusqu'à ce que la couenne du rôti commence à crépiter.
6. Entre-temps, pelez et coupez les pommes de terre en deux, posez les moitiés, côté plat dessous, sur une planche. À l'aide d'un couteau tranchant, émincez les moitiés en tranches de 5 mm, mais sans aller jusqu'à la base (c'est ce qu'on appelle des pommes de terre en éventail).
7. Réduisez la température du four sur moyen. Ajoutez le kumara et les pommes de terre dans le plat. Avec un pinceau, badigeonnez les légumes avec l'huile supplémentaire. Garnissez le dessus des pommes de terre avec le fromage râpé. Poursuivez la cuisson 1 heure, jusqu'à ce que le jus soit clair lorsque vous piquez le rôti et que les légumes soient tendres et dorés. (Vérifiez la cuisson des légumes après 45 minutes. S'ils sont prêts, retirez-les et conservez-les au chaud.) Pour faire dorer les ingrédients, arrosez-les de temps à autre avec le jus de cuisson.
8. Retirez le rôti cuit du four. Couvrez-le de papier d'aluminium et laissez-le reposer 10 minutes pour qu'il devienne ferme. Retirez la ficelle, puis découpez le rôti en tranches épaisses que vous disposerez sur des assiettes chaudes. Garnissez de kumara, de pommes de terre rôties et de bouquets de brocoli, que vous aurez fait cuire à l'eau, à la vapeur ou au micro-ondes.

Farce aux abricots Mélangez la chapelure, les abricots, les noix et le persil dans un saladier de taille moyenne. Versez le sherry et mélangez soigneusement.

Sauce à la pomme Pelez la pomme, coupez-la en quatre, retirez le trognon, puis coupez-la en tranches. Mélangez la pomme, le sucre, l'eau et la cannelle dans une casserole de taille moyenne. Portez à ébullition, puis réduisez le feu, couvrez et laissez mijoter 5 minutes environ, jusqu'à ce que la pomme soit fondante. Battez au fouet ou remuez avec une spatule jusqu'à ce que la sauce soit lisse. Servez chaud ou froid.

Par portion lipides 43,6 ; 3 885 kJ

L'ASTUCE DU CHEF

Cette recette est meilleure si elle est préparée juste avant de passer à table. La sauce à la pomme peut être préparée jusqu'à deux jours à l'avance et conservée au frais, couverte.

Incisez la couenne.

Rôti de porc dans le filet

Demandez à votre boucher d'inciser la couenne. Si vous le faites vous-même, utilisez un couteau tranchant et dessinez un joli motif. Assurez-vous que vous incisez également la couche de gras qui se trouve sous la couenne.

Pour un rôti de porc, vous pouvez choisir un morceau désossé ou entier. Si vous souhaitez conserver l'os (la viande a plus de goût, mais elle est moins facile à découper), demandez au boucher de couper partiellement l'os des côtelettes. Ce sera plus simple au moment de servir.

Nous avons choisi dans la recette ci-contre une sauce à la pomme, qui se marie très bien avec le porc. Vous pouvez en outre servir la viande avec des tranches de pommes revenues dans du beurre et servies chaudes.

Sauce à la pomme

Dans les pays anglo-saxons, le rôti de porc est traditionnellement servi accompagné d'une sauce à la pomme. Vous pouvez acheter de la compote en boîte, mais la recette sera moins savoureuse. En fait, la cuisson des pommes est très rapide et vous pouvez choisir n'importe quelle variété (ici, la sauce est réalisée avec des granny smith, légèrement acides). Sucrez à votre convenance, avec du sucre ou du miel. Cette sauce ne peut pas être congelée.

Roulez le filet autour de la farce.

Ficelez solidement le rôti.

Viande ou légumes sautés

Faire sauter des aliments à feu vif est un mode de cuisson rapide et facile. Seule contrainte : tous les ingrédients doivent être prêts à l'emploi au moment où vous commencez la cuisson. Mesurez les quantités, coupez tous les légumes à la même taille, etc. Les légumes sont cuits dès qu'ils deviennent tendres. Cette méthode permet de conserver aux aliments tout leur croquant, tout en préservant leur couleur et leur saveur.

Vous réussirez plus facilement si vous utilisez un wok et une spatule à wok, légèrement recourbée. Cette spatule permet de soulever et de retourner les ingrédients rapidement pour les maintenir en contact avec le métal brûlant.

Le wok, sorte de poêle d'origine chinoise, ressemble à un grand saladier avec une base incurvée, idéale pour les brûleurs à gaz. Il existe des woks à fond plat, plus adaptés aux cuisinières électriques. La forme large et évasée du wok permet de saisir les ingrédients rapidement et de les cuire de manière homogène.

Les woks existent en différentes tailles. Les modèles bon marché disponibles dans les boutiques asiatiques conviennent parfaitement.

Préparation du wok

Que le wok soit en acier mélangé ou en fonte, il doit être « préparé » avant sa première utilisation. Il est nécessaire de « vieillir » le wok pour éviter que les ingrédients ne collent par la suite. Nettoyez-le dans une eau très chaude et savonneuse pour enlever toute trace de graisse, puis séchez-le méticuleusement. Posez-le sur un feu très vif. Versez 1 cuillerée à soupe d'huile, puis frottez toute la surface intérieure avec du papier absorbant. Faites chauffer le wok en maintenant cette température 10 minutes, en essuyant de temps à autre la surface avec du papier absorbant propre. Cette méthode a pour but de brûler tout résidu de graisse. Protégez vos mains avec des gants de cuisine pour tenir d'une main le wok et le papier absorbant de l'autre. Répétez l'opération une seconde fois et votre wok sera prêt à l'emploi.

Après chaque utilisation, nettoyez le wok à l'eau chaude et savonneuse, à l'aide d'une éponge. Placez ensuite le wok sur un feu doux quelques minutes. Avant de le ranger, enduisez-le d'une fine couche d'huile de cuisine pour éviter qu'il ne rouille.

Porc au piment, sauce aux huîtres

Pour 4 personnes.

PRÉPARATION 15 MINUTES • CUISSON 10 MINUTES

1 c. s. d'huile d'arachide
450 g de filet de porc, émincé en fines tranches
1 oignon blanc moyen (150 g), émincé
1 gousse d'ail, écrasée
1 gros poivron rouge (350 g), coupé en fines tranches
1 petite courgette (90 g), coupée en fines rondelles
1 petite courgette jaune (90 g), coupée en fines rondelles
60 ml de sauce aux huîtres
1 c. s. de sauce aux piments douce
1 c. s. de coriandre fraîche, grossièrement hachée

1. Faites chauffer l'huile dans un grand wok ou dans une poêle. Faites sauter les tranches de porc, en plusieurs fois, jusqu'à ce qu'elles soient dorées, puis réservez-les.
2. Faites sauter l'oignon et l'ail jusqu'à ce que l'oignon soit juste tendre.
3. Ajoutez le poivron et les courgettes et faites-les revenir.
4. Transvasez le porc dans le wok. Ajoutez les sauces et faites revenir jusqu'à ce que le tout soit bien chaud. Servez saupoudré de coriandre hachée.

Par portion lipides 7,6 g ; 907 kJ

Carré d'agneau pané aux herbes

Pour 4 personnes.

PRÉPARATION 15 MINUTES • CUISSON 25 MINUTES

2 carrés d'agneau de 6 côtelettes chacun (900 g)
70 g de chapelure
1 c. s. de noix de macadamia, finement hachées
1 c. s. de romarin frais, grossièrement haché
1 c. s. de thym frais, grossièrement haché
1 c. s. de basilic frais, grossièrement haché
3 gousses d'ail, écrasées
1 blanc d'œuf, légèrement battu

1 Parez la viande et retirez tous les morceaux de gras superflus.
2 Couvrez les os qui sortent des côtelettes avec du papier d'aluminium pour éviter qu'ils ne brûlent.
3 Mélangez la chapelure, les noix, les herbes, l'ail et le blanc d'œuf dans un saladier de taille moyenne.
4 Disposez les côtelettes sur un plat allant au four. À l'aide d'une spatule, recouvrez la viande du mélange de chapelure. Faites cuire à four chaud 25 minutes environ (pour une viande rosée), jusqu'à ce que l'agneau soit comme vous l'aimez. Laissez reposer 5 minutes environ avant de découper la viande. Servez accompagné de légumes cuits au four (voir page 50).

Par portion lipides 13,4 g ; 1 206 kJ

L'ASTUCE DU CHEF

L'agneau peut être préparé et pané la veille, puis conservé au frais, à couvert.

Parez le carré d'agneau en retirant tous les morceaux de gras superflus.

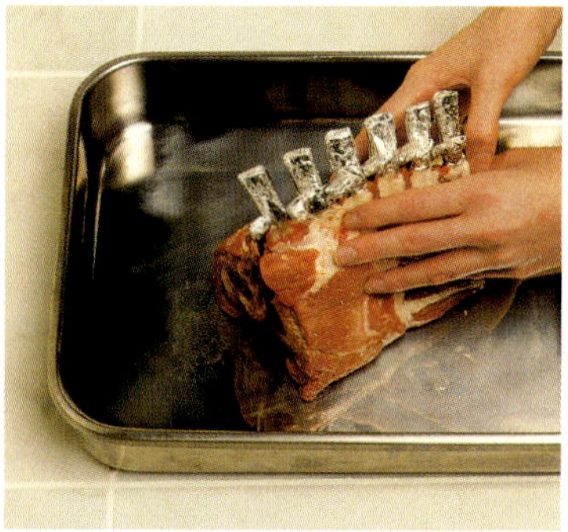

Déposez le carré d'agneau dans un plat allant au four.

Pressez bien le mélange de chapelure aux herbes sur la viande.

L'agneau

Parmi les grands classiques, il y a le fameux rôti d'agneau servi avec des pommes de terre rissolées, de la courge, des petits pois, une sauce à la menthe et le jus de cuisson. Mais l'agneau se prête à bien d'autres accommodements, comme le traditionnel mélange d'ail et de romarin ou le plus étonnant mariage de cumin, d'orange et de citron.

Dans les pages qui suivent, nous vous aidons à réussir des plats classiques, comme le gigot d'agneau rôti ou les côtelettes panées. Vous trouverez également une recette d'agneau au curry, facile à préparer. Quant aux côtelettes d'agneau panées aux herbes, elles sont simples à réaliser, délicieuses et spectaculaires !

N'oubliez pas de retirer autant de gras que possible avant la cuisson. Évitez de faire cuire la viande trop longtemps, car elle deviendrait sèche et perdrait beaucoup de sa saveur. Idéalement, l'agneau rôti se sert légèrement rosé. Dans certaines recettes, on peut le faire cuire très longtemps mais le feu doit être très doux pour que la viande reste très moelleuse.

Carré d'agneau

Un carré d'agneau est constitué de plusieurs côtelettes qui n'ont pas été séparées. Les petits carrés peuvent être cuits à plat, mais les plus grands doivent cuire à la verticale, en particulier s'ils sont panés.

Vous pouvez demander à votre boucher qu'il découpe un morceau avec autant de côtelettes que vous le souhaitez, six étant néanmoins le nombre à ne pas dépasser si vous voulez maîtriser la situation ! Comptez deux à trois côtelettes par personne, selon leur taille. Couvrez la partie de l'os sans viande avec du papier d'aluminium pour l'empêcher de brûler durant la cuisson.

La délicieuse panure qui enrobe le carré rend le plat encore plus attrayant et plus savoureux. La panure risque de tomber si vous découpez la viande aussitôt sortie du four. Laissez-la reposer 5 minutes, puis détaillez-la en côtelettes avec un couteau bien affûté.

Gigot d'agneau aux légumes

Pour 4 personnes.

PRÉPARATION 45 MINUTES • CUISSON 1 HEURE

Dans les pays anglo-saxons, il est fréquent d'accompagner ce plat avec une sauce à la menthe froide.

1,5 kg de gigot d'agneau
1/4 c. c. de poivre noir moulu
1/2 c. c. de paprika doux
2 c. c. de romarin frais
1 gousse d'ail, écrasée
60 ml d'huile d'olive
4 pommes de terre moyennes (800 g)
400 g de courge
4 oignons moyens (600 g)
125 g de petits pois frais ou congelés

Sauce au jus de viande

1 1/2 c. s. de farine
1 c. c. de romarin frais, finement haché
375 ml de bouillon de bœuf
1 c. c. de sauce Worcestershire

Sauce à la menthe

1 c. s. de sucre
2 c. s. d'eau
80 ml de vinaigre de vin
50 g de menthe fraîche, finement hachée

1 À l'aide d'un couteau tranchant, coupez le gigot en deux jusqu'à l'os. Coupez l'os saillant, puis la viande qui est autour des os. Réservez l'os. Retirez autant de gras que possible. Préparez les légumes (voir page 50).

2 Versez le poivre, le paprika, le romarin, l'ail et 2 cuillerées à soupe d'huile dans un petit saladier, puis mélangez soigneusement. Avec la main, badigeonnez le gigot avec le mélange d'huile.

3 Placez le gigot sur la grille du plat à rôtir, côté gras dessus. Badigeonnez les pommes de terre, la courge et les oignons avec un peu du mélange d'huile restant, puis disposez-les dans un plat peu profond (par exemple un plat à gratin) ou sur la grille du four.

4 Faites cuire à four moyen 45 minutes environ, jusqu'à ce que l'agneau soit tendre et que le jus de la viande soit clair lorsque vous piquez le gigot dans la partie la plus épaisse.

5 Sortez l'agneau du four, mais laissez les légumes pour qu'ils deviennent croustillants. Couvrez l'agneau de papier d'aluminium pendant que vous faites cuire les petits pois et préparez la sauce du rôti. Laissez reposer la viande de afin que les fibres se décontractent avant de la découper en tranches. Hors du four, elle restera chaude 10 minutes environ.

6 Découpez l'agneau, puis versez le jus de la viande dans la casserole de la sauce du rôti. Couvrez le gigot de papier d'aluminium, puis enfournez-le à nouveau pour qu'il reste chaud. Servez accompagné de légumes, de la sauce du rôti et de la sauce à la menthe.

Sauce au jus de viande Réservez 2 cuillerées à soupe du jus de cuisson resté dans le plat à rôtir, jetez le reste. Mettez le plat sur un feu vif. Ajoutez la farine et remuez jusqu'à ce qu'elle brunisse légèrement. Détachez, si possible, tous les petits morceaux restés collés au fond du plat. Ils donneront davantage de goût et de couleur à la sauce.

Retirez le plat du feu. Sans cesser de remuer, versez graduellement le mélange de romarin, de bouillon et de sauce worcestershire. Remettez le plat sur un feu vif et remuez sans cesse jusqu'à ce que le mélange fasse de petits bouillons et épaississe. Filtrez le tout au-dessus d'une petite casserole et couvrez pour empêcher qu'une peau se forme à la surface. Faites réchauffer si nécessaire.

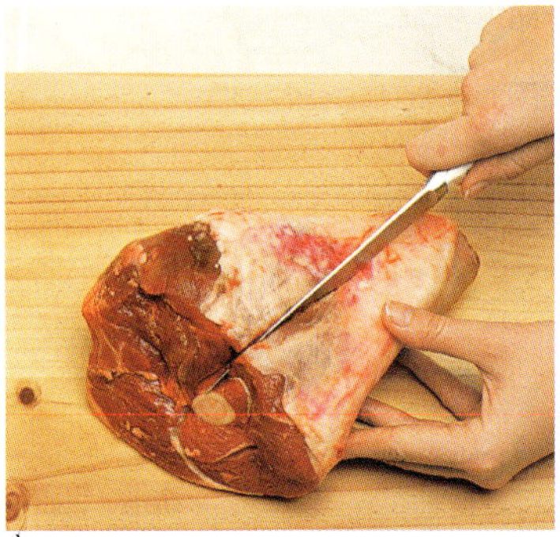

À l'aide d'un couteau tranchant, découpez la viande dans le sens de la longueur de l'os.

Frottez le mélange d'huile sur le gigot désossé et paré.

Ajoutez le vinaigre au mélange de sucre pour la sauce à la menthe.

Découper et désosser un gigot d'agneau

Coupez le gigot dans la longueur en l'entaillant jusqu'à l'os, puis désossez-le. Cette méthode permet d'enlever tout le gras superflu avant de mettre le gigot au four et diminue le temps de cuisson. L'agneau cuit alors de manière plus homogène et, grand avantage, donne une viande plus facile à couper en belles tranches.

Vous pouvez désosser le gigot vous-même ou demander à votre boucher de le faire pour vous.

Sauce à la menthe Mélangez le sucre et l'eau dans une petite casserole. Remuez sans cesse à feu vif, sans porter à ébullition, jusqu'à dissolution du sucre. Portez ensuite à ébullition et faites cuire 2 minutes, sans couvrir et sans remuer. Retirez du feu, puis ajoutez le vinaigre et la menthe. Faites réchauffer avant de servir.

Ajoutez le romarin, le bouillon et le jus pour préparer la sauce du rôti.

Par portion lipides 31,6 g ; 3 246 kJ

L'astuce du chef

Cette recette est meilleure si elle est préparée juste avant de passer à table. La sauce à la menthe peut être préparée une semaine à l'avance et conservée au frais, couverte.

Faire chauffer les assiettes
Une des choses les plus difficiles à réussir dans un grand dîner, c'est de servir la nourriture bien chaude. La tâche sera plus facile si les assiettes sont préalablement chauffées. Voici diverses manières de faire chauffer vos assiettes.

Placez les assiettes dans le four à basse température 15 minutes environ.

Vous pouvez faire chauffer les assiettes au micro-ondes en glissant une feuille de papier absorbant humide entre chaque assiette (n'oubliez pas que les assiettes ornées d'or ou d'argent ne peuvent être mises au micro-ondes, car elles risquent d'endommager le four).

Vous pouvez également faire chauffer les assiettes en les plongeant quelques minutes dans un évier rempli d'eau bouillante. Séchez-les méticuleusement avant de vous en servir.

Certaines cuisinières disposent d'un tiroir ou d'un second four pour faire réchauffer les plats. Vérifiez les instructions de votre manuel.

Servir chaud Le plus important est que tout soit prêt au moment de passer à table.

Sachant que les légumes cuits au four restent chauds plus longtemps, servez-les en premier, avant de servir la viande, la sauce du rôti et les petits pois.

Si la taille de votre four le permet, après le premier service, remettez les plats à four moyen 10 minutes environ. Assurez-vous toutefois que le four n'est pas trop chaud, sinon la nourriture prendra un aspect sec et peu appétissant.

Le micro-ondes est idéal pour faire réchauffer un repas. Il suffit de couvrir les plats d'un film transparent adéquat et de faire réchauffer à température maximale 30 secondes environ, selon si la nourriture est encore chaude.

Préparer les légumes

Les pommes de terre Coupez en deux les pommes de terre pelées. Faites-les cuire à la vapeur ou faites-les bouillir 5 minutes dans une casserole.

Égouttez les pommes de terre. À l'aide de pinces, déposez-les sur un papier absorbant pour les égoutter et les laisser refroidir un peu. Avec une fourchette, piquez le dessus pour obtenir une surface inégale. Les pommes de terre deviendront plus croustillantes durant la cuisson au four.

La courge Toutes les variétés peuvent se cuire au four. Les variétés plus petites, comme la courge musquée et la courge poivrée, sont plus douces de goût.

Coupez la courge en morceaux assez gros (la courge cuit en effet plus vite que les pommes de terre, par exemple). Vous pouvez conserver la peau (elle est comestible). Si vous préférez l'enlever, retirez-la avec un couteau tranchant. Pour vous faciliter la tâche, mettez la courge 1 à 2 minutes au micro-ondes à température maximale, ou plus longtemps, selon la variété de courge et la taille des morceaux.

Les oignons Les gros oignons sont les meilleurs pour une cuisson au four. Choisissez des oignons de taille égale. Retirez la première, voire la deuxième couche de peau, en conservant la base de la racine intacte pour que l'oignon ne se défasse pas durant la cuisson.

Faire cuire les petits pois Faites-les cuire à l'eau ou au micro-ondes pour qu'ils soient prêts au moment de servir l'agneau, la sauce et les légumes cuits au four.

Versez les petits pois congelés dans une casserole moyenne remplie d'eau bouillante jusqu'à mi-hauteur. Portez à ébullition, sans couvrir, puis réduisez le feu et laissez frémir 3 minutes environ (ou 2 minutes si vous les faites cuire au micro-ondes à température maximale), jusqu'à ce qu'ils soient tendres.

Si vous utilisez des petits pois déshydratés, faites-les bouillir 7 minutes après le début de l'ébullition. Vérifiez les instructions mentionnées sur l'emballage.

Piquez le dessus des pommes de terre avec une fourchette.

Ne coupez pas entièrement la racine de l'oignon.

Portez à ébullition après avoir versé les petits pois.

Côtelettes de veau panées

Pour 2 personnes.

PRÉPARATION 25 MINUTES
CUISSON 30 MINUTES
RÉFRIGÉRATION 30 MINUTES

6 côtelettes de veau (450 g)
2 c. s. de sauce de soja
1 gousse d'ail, écrasée
35 g de farine
1 œuf, légèrement battu
1 c. s. de lait
35 g de chapelure maison
50 g de chapelure toute prête
1 c. s. d'huile végétale

1 Retirez l'excès de gras puis, avec un maillet à viande, martelez les côtelettes recouvertes d'un film plastique protecteur jusqu'à ce qu'elles soient légèrement aplaties.
2 Versez la sauce de soja et l'ail dans un grand saladier, puis mélangez soigneusement. Ajoutez les côtelettes, couvrez et placez au frais 30 minutes. Retournez la viande plusieurs fois durant le temps de marinade.
3 Farinez les côtelettes.
4 Trempez les côtelettes dans le mélange d'œuf et de lait, puis panez dans le mélange de chapelures. Badigeonnez d'huile un plat à gratin peu profond, puis disposez les côtelettes en une seule couche.
5 Mettez les côtelettes à four moyen 15 minutes. Retournez les côtelettes et poursuivez la cuisson jusqu'à ce qu'elles soient dorées et tendres.

Par portion lipides 24,5 g ; 2 277 kJ

L'astuce du chef

Les côtelettes peuvent être marinées et panées la veille, puis réservées au frais, couvertes.

À propos des côtelettes

Comptez deux à trois côtelettes par personne, selon la taille des côtelettes. Les côtelettes panées sont souvent cuites dans une poêle graissée à l'huile ou avec un mélange de beurre et d'huile, jusqu'à ce qu'elles soient dorées et bien cuites. Nous préférons cependant la cuisson au four, moins grasse et donc plus saine.

Vous pouvez utiliser de la chapelure maison ou de la chapelure toute prête, voire un mélange des deux. La recette proposée ci-contre est souvent servie accompagnée d'une purée de pommes de terre et de légumes verts, par exemple des petits pois, des haricots ou des brocolis.

Laissez mariner les côtelettes 30 minutes avant de les paner, afin de leur donner encore plus de saveur. Vous pouvez également les laisser mariner une nuit entière, si vous préférez une saveur encore plus marquée.

Farinez les côtelettes.

Panez les côtelettes dans la chapelure.

Tout savoir sur les currys

Voici un curry d'agneau très simple à réaliser. Il se prépare avec un curry doux en poudre prêt à l'emploi, que vous pouvez remplacer par une pâte de curry.

Cette recette est réalisée avec des côtes d'agneau, morceaux dont le temps de cuisson est relativement court. Vous pouvez également prendre du gigot, de l'épaule ou des morceaux dans le collier. De manière générale, faites cuire le curry jusqu'à ce que l'agneau soit tendre, sachant que les quartiers pris dans le collier nécessitent une cuisson plus longue.

Nous servons ce curry accompagné d'un riz cuit à l'eau. Ajoutez une pincée de safran en poudre à la fin de la cuisson pour lui donner une belle couleur jaune.

Les pappadums (sortes de pains plats indiens à base de farine de riz et de farine de lentilles, d'huile et d'épices) sont l'accompagnement traditionnel des currys. Il en existe des plus ou moins grands et les saveurs varient. Ils sont faciles à cuire et appréciés pour leur texture croustillante. Vérifiez les instructions figurant sur l'emballage avant de les faire cuire au micro-ondes. Comptez 1 minute environ à température maximale pour quatre petits pappadums, cuits en une seule couche. Vous pouvez aussi les faire cuire au four traditionnel.

Curry d'agneau à la tomate

Pour 2 personnes.

PRÉPARATION 10 MINUTES • CUISSON 45 MINUTES

Cette recette est préparée avec une pomme granny smith.

4 côtes d'agneau (440 g)
1 c. s. d'huile d'arachide
1 gousse d'ail, finement émincée
1 petit oignon (80 g), finement émincé
1 c. s. de curry en poudre
1 tomate moyenne (190 g), pelée et coupée en gros dés
60 ml d'eau
1 petite pomme (130 g), coupée en gros dés
1 c. s. de raisins secs

1 À l'aide d'un couteau tranchant, retirez le gras et les os des côtes d'agneau. Coupez la viande en morceaux de 3 cm.

2 Faites chauffer l'huile dans une casserole de taille moyenne puis, sans cesser de remuer, faites revenir l'ail, l'oignon et le curry en poudre 3 minutes environ, jusqu'à ce que l'oignon soit tendre. Ajoutez la tomate et l'eau, puis remuez constamment pendant 1 minute.

3 Incorporez la viande dans la casserole. Remuez sans cesse à feu vif jusqu'à ce que la viande soit uniformément enrobée du mélange de curry.

4 Portez à ébullition, puis réduisez le feu et laissez mijoter, couvert, 30 minutes environ, jusqu'à ce que l'agneau soit tendre. Incorporez la pomme et les raisins secs. Mélangez et laissez mijoter, couvert, 5 minutes environ, jusqu'à ce que la pomme soit fondante.

Par portion lipides 27,3 g ; 1 863 kJ

L'ASTUCE DU CHEF

Cette recette peut être préparée jusqu'à 2 jours à l'avance et conservée au frais, couverte.

Retirez le gras et les os de la viande.

Versez les tomates et l'eau dans la casserole.

Ajoutez la viande en remuant constamment.

Quand la viande est tendre, ajoutez la pomme et les raisins secs.

Volailles et lapin

Le poulet se cuisine de mille manières, pour le plus grand plaisir de tous. On peut le cuisiner entier, parfumé aux herbes et rôti, ou l'acheter en morceaux pour une cuisson en cocotte ou en sauteuse. De chair délicate, le lapin est une viande maigre très savoureuse. Il est vendu entier ou en morceaux (râbles et cuisses).

Poulet rôti et pommes frites

Pour 4 personnes.

PRÉPARATION 30 MINUTES • CUISSON 1 H 45

Pour brider le poulet, utilisez de la ficelle de cuisine, qui ne risque pas de fondre dans un four très chaud.

1 poulet de 1,5 kg

15 g de beurre, fondu

Farce

105 g de chapelure maison

1 branche de céleri (75 g), sans les feuilles, finement hachée

1 petit oignon blanc (80 g), finement haché

1 c. c. de fines herbes, séchées

1 œuf, légèrement battu

1 Retirez le gras à l'intérieur du poulet et réservez.

2 Remplissez l'intérieur du poulet avec la farce, sans trop presser car le pain gonfle durant la cuisson et la farce devient une masse solide et compacte.

3 Posez le poulet sur une planche, la poitrine tournée vers le haut. Pour le brider, commencez par faire une boucle autour du croupion. Passez ensuite la ficelle autour des pilons avant de la ramener vers l'extrémité des ailes, en suivant le creux entre les pilons et la cage thoracique.

4 Retournez le poulet et faites un nœud à la hauteur des ailes.

5 Placez le poulet sur la grille d'une lèchefrite. Versez de l'eau jusqu'à mi-hauteur du plat car elle ne doit pas toucher le poulet. À l'aide d'un pinceau, badigeonnez le poulet de beurre fondu. Préchauffez le four à feu vif pendant 15 minutes, puis abaissez la température sur moyen et poursuivez la cuisson pendant 1 h 30. Piquez la peau et la chair du poulet dans la partie la plus épaisse des pilons. Si le jus qui s'en écoule est clair, c'est que le poulet est cuit. Vous pouvez aussi remuer une des cuisses, si l'articulation semble se détacher facilement, c'est que le poulet est cuit. Laissez reposer le poulet 10 minutes avant de le découper. Pour vous faciliter la tâche, utilisez des ciseaux à volaille ou une bonne paire de ciseaux. Servez accompagné de frites (voir recette page 56).

Préparation de la farce Versez la chapelure, le céleri, l'oignon, les herbes et l'œuf dans un saladier de taille moyenne et mélangez soigneusement, à la main ou avec une cuillère en bois.

Le poulet-frites

Un poulet-frites est toujours le bienvenu, en particulier chez les enfants. Mais vous pouvez aussi servir la volaille avec un assortiment de petits légumes cuits au four, dans le même plat que la viande.

À titre indicatif, un poulet de 1,5 kg suffit pour deux adultes et deux enfants, à condition qu'il soit accompagné de légumes ou d'une salade.

L'emballage doit normalement indiquer le label de qualité, le poids et la date limite de vente.

Remplissez l'intérieur du poulet avec la farce.

Faites une boucle autour du croupion.

Faites un nœud à la hauteur des ailes.

Versez de l'eau jusqu'à mi-hauteur de la lèchefrite.

Des frites parfaites Pour obtenir des frites croustillantes à l'extérieur et tendres à l'intérieur, il faut bien choisir la variété de pommes de terre. Là est le secret de la réussite. Faites des essais jusqu'à trouver celle qui vous convient le mieux. En principe, il faut une pomme de terre à chair ferme, comme la bintje ou la pomme de terre de Noirmoutier, qui donne d'excellents résultats.

Si vous faites souvent des frites, investissez dans une friteuse. L'idéal est de faire cuire les frites en deux fois. Après la première cuisson, la température de l'huile baisse. Faites chauffer à nouveau l'huile, puis plongez les frites une seconde fois et faites-les cuire jusqu'à ce qu'elles soient à votre convenance.

Frites

Pour 4 personnes.

4 grosses pommes de terre (1,2 kg)

huile végétale, pour la friture

1 Pelez les pommes de terre. Coupez-les en tranches de 1 cm, puis en bâtonnets de 1 cm, ou plus fin si vous le souhaitez. Séchez-les soigneusement dans un torchon avant de les faire frire.

2 Dans une grande casserole, versez de l'huile jusqu'à mi-hauteur, puis faites chauffer (pour plus de détails sur la manière de faire frire, reportez-vous à la recette de galettes au saumon, page 24). Incorporez les frites en plusieurs fois pour éviter que l'huile n'éclabousse. Laissez-les cuire quelques minutes, jusqu'à ce qu'elles changent légèrement de couleur. Égouttez-les soigneusement sur du papier absorbant.

3 Répétez l'opération jusqu'à ce que les frites deviennent brun doré. Égouttez-les soigneusement sur du papier absorbant. Servez aussitôt.

Par portion lipides 26,3 g ; 1 658 kJ

Coupez les pommes de terre en tranches, puis en bâtonnets.

Sortez les frites de l'huile, puis égouttez-les.

Plongez-les à nouveau dans l'huile jusqu'à ce qu'elles soient brun doré.

Bien choisir un poulet

Pour un poulet à rôtir, choisissez une volaille jeune et tendre. La poule est une viande plus dure, idéale pour les cuissons prolongées. On la prépare généralement bouillie (poule au pot) ou braisée, pour la rendre plus tendre. Achetez votre poulet frais ou congelé, chez un volailler ou en supermarché (dans ce cas, choisissez de préférence une viande labellisée et élevée au grain).

Décongelez le poulet dans la partie inférieure de votre réfrigérateur ou au micro-ondes, avant la cuisson. Ne le décongelez jamais à température ambiante. Faites cuire le poulet quand il est complètement dégelé.

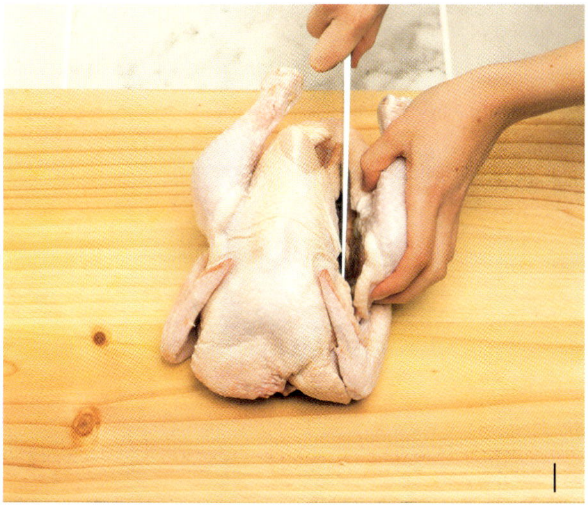

Entaillez la peau entre la cuisse et la cage thoracique, puis séparez la cuisse du corps en entaillant les articulations.

Coupez la cuisse en deux morceaux au niveau du pilon.

Coupez une petite partie de blanc jusqu'à l'aile, puis pliez-la pour la détacher. Coupez au niveau de l'articulation.

Pour séparer les blancs de la carcasse, glissez le couteau le long de la colonne vertébrale et détachez délicatement la chair.

Comment découper un poulet

Pour de nombreuses recettes de poulet en cocotte, il est indispensable de découper la volaille. Vous pouvez demander à votre volailler de le faire ou vous y essayer vous-même. L'opération est simple à réaliser si vous disposez d'un bon couteau de cuisine.

Coupez la poitrine en deux en incisant la carcasse le long de la colonne vertébrale. La partie arrière est une chair assez fade, à utiliser de préférence pour la soupe ou le bouillon.

Faites revenir le poulet.

Versez la sauce tomate sur le poulet.

Poulet chasseur

Pour 4 personnes.

PRÉPARATION 30 MINUTES • CUISSON 1 H 40

2 c. s. d'huile d'olive

1 poulet de 1,5 kg, découpé en morceaux (voir page 57)

1 oignon moyen (150 g), finement haché

1 gousse d'ail, écrasée

125 ml de vin blanc

1 1/2 c. s. de vinaigre blanc

125 ml de bouillon de volaille

400 g de tomates pelées en boîte

1 c. c. de basilic frais, finement haché

1 c. c. de sucre

3 filets d'anchois, finement hachés

60 ml de lait

60 g d'olives noires, dénoyautées, puis coupées en deux

1 c. s. de persil plat frais, finement haché

1 Faites chauffer l'huile dans une grande poêle. Faites revenir les morceaux de poulet, en plusieurs fois, jusqu'à ce qu'ils soient dorés de chaque côté, puis déposez-les dans un grand plat à gratin.

2 Conservez 1 cuillerée à soupe du jus de cuisson, réservez le reste et faites revenir l'oignon et l'ail jusqu'à ce que l'oignon soit tendre. Ajoutez le vin et le vinaigre, portez à ébullition et laissez cuire jusqu'à ce que le liquide réduise de moitié. Ajoutez le bouillon et remuez à feu vif pendant 2 minutes. Filtrez les tomates, avec leur jus, à travers une passoire avant de les incorporer dans la poêle, puis ajoutez le basilic et le sucre. Laissez cuire 1 minute.

3 Versez la préparation de tomates sur le poulet, couvrez et mettez à four moyen 1 heure.

4 Faites tremper les anchois dans le lait 5 minutes, puis égouttez-les. Dressez le poulet sur un plat de service. Versez le jus de cuisson dans une casserole de taille moyenne, portez à ébullition et laissez bouillir 1 minute, puis réduisez le feu. Ajoutez les anchois, les olives et le persil, puis laissez cuire 1 minute. Remuez et versez la sauce sur le poulet.

Par portion lipides 42,2 g ; 2 572 kJ

Ailes de poulet au miel

Pour 2 personnes.

PRÉPARATION 10 MINUTES • RÉFRIGÉRATION 1 HEURE • CUISSON 30 MINUTES

500 g d'ailes de poulet
1 c. s. de sauce de soja claire
1 c. s. de sauce de soja épaisse
1 c. s. de jus de citron
1 c. s. de sherry sec
1 c. s. de graines de sésame
1 c. c. de gingembre frais, râpé
2 c. s. de miel
1/4 c. c. d'huile de sésame

1 Rabattez l'extrémité des ailes sous la partie principale, puis disposez-les dans un grand saladier.

2 Dans un petit pot, mélangez les sauces, le jus de citron, le sherry, les graines, le gingembre, le miel et l'huile, puis versez le tout sur les ailes de poulet. Couvrez et mettez au frais 1 heure au moins ou, mieux encore, toute une nuit. Il faut que la marinade recouvre toutes les ailes. Égouttez le poulet. Réservez la marinade.

3 Disposez les ailes sur la grille d'une lèchefrite et faites cuire à four modéré 30 minutes environ, jusqu'à ce qu'elles soient tendres. Durant la cuisson, badigeonnez les ailes avec la marinade réservée et retournez-les toutes les 10 minutes.

Par portion lipides 12,5 g ; 1 505 kJ

L'astuce du chef

Les ailes marinées peuvent être préparées 2 jours à l'avance et conservées au frais, couvertes.

Rabattez l'extrémité des ailes sous la partie principale.

Versez la marinade sur les ailes.

Badigeonnez les ailes de marinade durant la cuisson.

Les ailes de poulet Les ailes de poulet constituent, pour certains, la partie la plus savoureuse et la plus tendre du poulet. Bon marché, elles peuvent faire de délicieux amuse-gueules. Servies en plat principal, elles font toujours plaisir aux enfants !

Pour qu'elles soient plus faciles à tenir entre les doigts, faites-les cuire un peu plus longtemps, et n'hésitez pas à en faire cuire beaucoup à la fois. Vous pouvez également les faire griller lentement au four ou au barbecue. Surveillez-les attentivement pendant la cuisson pour éviter qu'elles ne brûlent à cause du miel.

Blancs de poulet au poivre vert

Pour 2 personnes.

PRÉPARATION 5 MINUTES • CUISSON 20 MINUTES

2 blancs de poulet (340 g)
30 g de beurre
1 c. s. de farine
125 ml de bouillon de volaille
2 c. c. de grains de poivre vert en boîte, égouttés
1 c. s. de crème

1 Retirez tout le gras des blancs de poulet. Faites fondre le beurre dans une petite poêle, puis faites revenir les filets à feu moyen 5 minutes environ de chaque côté, jusqu'à ce qu'ils soient tendres et légèrement dorés. Retirez le poulet de la poêle, puis couvrez-le de papier d'aluminium pour qu'il reste chaud.

2 Versez la farine dans la poêle, puis faites-la revenir à feu vif, sans cesser de remuer, jusqu'à ce qu'elle brunisse légèrement.

3 Retirez la poêle du feu et versez graduellement le bouillon. Remettez sur le feu et portez à ébullition, sans cesser de remuer, jusqu'à ce que la sauce fasse des petits bouillons et épaississe.

4 Délayez le poivre vert et la crème dans la sauce à feu vif, mais sans porter à ébullition, jusqu'à ce que la sauce soit bien chaude. Versez ensuite la sauce sur le poulet et servez aussitôt.

Par portion lipides 26,3 g ; 1 710 kJ

L'ASTUCE DU CHEF

Cette recette est meilleure si elle est préparée juste avant de passer à table.

Faites revenir les blancs dans le beurre fondu.

Incorporez la farine dans la poêle.

Versez le bouillon dans la poêle.

Incorporez le poivre vert et la crème dans la sauce.

Blancs de poulet Les blancs de poulet se prêtent à de nombreuses préparations et sont un morceau très apprécié. Facile à préparer, la sauce au poivre vert se marie à merveille avec leur chair délicate.

Le poulet sauté

Faites revenir le poulet à feu très vif dans un wok, en plusieurs fois pour que les morceaux aient assez de place pour être saisis rapidement et de manière homogène. La viande doit grésiller. Si la température est trop basse, le poulet cuit dans son propre jus et durcit.

Entre deux fournées, faites réchauffer le wok, qui doit être brûlant pour que la viande soit saisie.

Émincez les blancs de poulet en fines aiguillettes.

Coupez le poivron en lanières.

Poulet à la sauce aigre-douce

Pour 4 personnes.

PRÉPARATION 15 MINUTES
CUISSON 10 MINUTES

1 c. s. d'huile d'arachide
1 kg de blancs de poulet, en aiguillettes
1 c. s. de gingembre frais, râpé
3 piments rouges, épépinés, finement hachés
1 gros poivron rouge (350 g), coupé en tranches épaisses
1 c. c. de Maïzena
1 c. s. de sauce de soja
80 ml de jus de citron
90 g de miel
4 ciboules, finement hachées

1 Faites chauffer la moitié de l'huile dans un wok ou une grande poêle, puis faites revenir le poulet, le gingembre et les piments, en plusieurs fois, jusqu'à ce que le poulet soit doré.

2 Faites chauffer le reste d'huile dans le wok, puis faites revenir le poivron jusqu'à ce qu'il soit juste tendre.

3 Dans un petit pot, délayez la Maïzena dans la sauce de soja, puis ajoutez le jus de citron et le miel, tout en remuant. Transvasez le mélange de poulet dans le wok avec la sauce au miel. Faites cuire, en remuant, jusqu'à ce que le mélange fasse des petits bouillons et épaississe. Saupoudrez de ciboule juste avant de servir.

Par portion lipides 18,5 g ; 2 014 kJ

L'ASTUCE DU CHEF

Cette recette est meilleure si elle est préparée juste avant de passer à table.

Poulet satay, sauce aux cacahuètes

Pour 4 personnes.

PRÉPARATION 30 MINUTES • RÉFRIGÉRATION 3 HEURES
CUISSON 15 MINUTES

130 g de beurre de cacahuètes
60 ml de bouillon de volaille
2 c. s. de miel
2 c. s. de sauce de soja
1 c. s. de pâte de curry aux piments rouges
1 c. s. de jus de citron
3 c. c. de curry doux en poudre
500 g de filets de poulet dans la cuisse, émincés en morceaux de 3 cm
250 ml de lait de coco

1 Dans un grand saladier, battez au fouet le beurre de cacahuètes, le bouillon, le miel, la sauce de soja, la pâte de curry, le jus de citron et le curry en poudre jusqu'à obtention d'un mélange homogène. Ajoutez le poulet et mélangez soigneusement. Couvrez et mettez au frais quelques heures, ou une nuit entière.

2 Ressortez le poulet, réservez la marinade. Enfilez les morceaux de poulet sur huit brochettes en bambou.

3 Versez le lait de coco et la marinade réservée dans une petite casserole, puis faites cuire, en remuant, jusqu'à ce que la sauce forme des petits bouillons et épaississe.

4 Faites cuire 10 minutes environ les brochettes de poulet, sans les faire se chevaucher, dans une poêle chaude et graissée (ou encore sur un gril ou au barbecue). Retournez les brochettes une fois en cours de cuisson. Servez accompagné de sauce.

Par portion lipides 38 g ; 2 350 kJ

L'ASTUCE DU CHEF

Les brochettes peuvent être préparées la veille et conservées au frais, couvertes.

Filets de poulet dans la cuisse Ces morceaux sont délicieux grillés (au barbecue ou à la poêle). Pris dans la cuisse, ils sont dépourvus d'os et de peau et leur texture est moins sèche que celle du blanc de poulet (prélevé sur la poitrine). Comptez au moins deux filets par personne.

Coupez le poulet en morceaux de 3 cm.

Enfilez les morceaux sur la brochette.

À propos du poulet satay

Le poulet satay convient aussi bien pour un apéritif ou un grand buffet que pour un dîner entre amis, servi avec un riz blanc parfumé.

Il est traditionnellement accompagné d'une sauce aux cacahuètes. Dans la recette proposée ci-contre, la sauce est employée comme marinade avant d'être mélangée au lait de coco pour être servie en accompagnement.

Le poulet satay peut se préparer avec des blancs de poulet détaillés en petits morceaux, mais le filet pris dans la cuisse est moins sec et plus savoureux.

Utilisez des brochettes en inox ou en bois. Les brochettes en inox sont idéales pour le barbecue, le gril ou la poêle, mais à exclure pour une cuisson au micro-ondes. Elles ont l'avantage de pouvoir être nettoyées et réutilisées.

Les brochettes en bois doivent être plongées dans l'eau 1 heure au moins, voire toute une nuit, pour éviter qu'elles ne prennent feu durant la cuisson.

Crème de foie de volaille au porto

Pour 4 personnes.

PRÉPARATION 20 MINUTES • RÉFRIGÉRATION 2X2 HEURES • CUISSON 15 MINUTES

500 g de foies de poulet
80 ml de porto
120 g de beurre
1 oignon blanc moyen (150 g), finement haché
1 gousse d'ail, écrasée
1/2 c. c. d'estragon séché
2 c. s. de brandy
1 c. s. de purée de tomates
80 g de crème aigre

1 Parez les foies, puis coupez-les en deux. Dans un petit saladier, mélangez les foies avec le porto, puis couvrez et mettez au frais 2 heures. Égouttez les foies. Faites fondre un quart du beurre dans une poêle de taille moyenne, puis faites revenir l'oignon et l'ail à feu vif, en remuant constamment, jusqu'à ce que l'oignon soit blond. Ajoutez les foies et laissez cuire à feu moyen en remuant constamment pendant 5 minutes environ, jusqu'à ce que les foies changent légèrement de couleur. Ajoutez l'estragon et le brandy, remuez et portez à ébullition. Réduisez ensuite le feu et laissez mijoter, sans couvrir, 3 minutes environ, jusqu'à ce que les foies soient tendres. Veillez à ne pas cuire les foies trop longtemps, sinon ils deviennent secs.

2 Faites fondre un quart de beurre dans une casserole. Passez les foies au mixeur jusqu'à obtention d'une purée lisse. Incorporez la purée de tomates et la crème aigre, puis délayez jusqu'à ce que le mélange soit homogène. Ajoutez le beurre fondu graduellement, sans arrêter le mixeur. Versez la préparation dans quatre moules individuels (125 ml) et garnissez avec des herbes ou une feuille de sauge. Couvrez et mettez au frais 2 heures.

3 Coupez le restant de beurre en gros dés et mettez-les dans une petite casserole. Faites fondre à feu doux, sans remuer. Laissez reposer quelques minutes puis, à l'aide d'une cuillère, retirez délicatement la mousse blanchâtre qui s'est formée sur le dessus et réservez-la. Versez le liquide restant dans un pot, en laissant le dépôt de mousse blanchâtre au fond de la casserole. Réservez-le.

4 Versez doucement une fine couche de beurre clarifié sur les pâtés, puis mettez-les au frais une nuit.

Par portion lipides 64 g ; 3 074 kJ

L'ASTUCE DU CHEF

Cette crème de foie de volaille est meilleure quand elle a reposé une nuit au moins au frais, pour permettre aux saveurs de se développer. Vous pouvez la conserver au frais, à couvert, pendant une semaine.

Au micro-ondes Faites cuire le beurre, l'oignon et l'ail, sans couvrir, dans un plat adapté au micro-ondes à température maximale, 3 minutes environ, jusqu'à ce que l'oignon soit tendre. Ajoutez les foies égouttés et poursuivez la cuisson à température maximale, sans couvrir, 2 minutes environ, jusqu'à ce que les foies changent légèrement de couleur. Remuez deux fois durant la cuisson. Ajoutez l'estragon et le brandy et faites cuire à température maximale 1 minute environ, jusqu'à ce que les foies soient tendres. Reprenez ensuite la recette à partir de l'étape 2.

Faites revenir les foies dans une casserole.

Versez le beurre fondu dans le robot.

À l'aide d'une cuillère, retirez la mousse blanchâtre.

Versez le beurre clarifié sur les terrines.

Le foie de poulet

C'est un ingrédient bon marché et qui se prête à de nombreux accommodements. Fariné et cuit rapidement à la poêle, on le servira avec une salade verte et des tranches de pain grillées, pour une entrée traditionnelle et délicieuse.

Achetez le foie de poulet chez un bon volailler et consommez-le rapidement, car il s'abîme vite.

La crème de foie de volaille est excellente servie en entrée avec du pain grillé ou des biscuits salés. Elle est également très bonne en petits-fours à l'apéritif.

Le beurre clarifié utilisé pour couvrir la surface du pâté empêche la crème de sécher et de changer de couleur.

Lapin à la paysanne

Pour 2 personnes.

PRÉPARATION 20 MINUTES • CUISSON 1 H 30

1 lapin (900 g)
2 c. s. d'huile d'olive
1 c. s. de farine
3 tranches de lard (210 g), hachées grossièrement
1 oignon moyen (150 g), coupé en tranches épaisses
3 c. c. de farine, supplémentaires
1 c. s. de purée de tomates
180 ml de bouillon de volaille
80 ml de crème fraîche

1 Videz l'intérieur du lapin et retirez, si nécessaire, la peau de l'estomac. Coupez le lapin en morceaux.

2 Faites chauffer de l'huile dans une poêle de taille moyenne, puis faites sauter les morceaux de lapin en plusieurs fois, 5 minutes environ, jusqu'à ce qu'ils soient bien dorés.

3 Égouttez les morceaux sur un papier absorbant. Versez la farine dans le sac de cuisson et secouez vigoureusement. Faites chauffer l'huile qui reste dans la poêle, puis faites revenir le lard jusqu'à ce qu'il soit croustillant. Ajoutez l'oignon et faites-le revenir, en remuant constamment, jusqu'à ce qu'il blondisse. Égouttez le lard et l'oignon (réservez l'équivalent de 1 cuillerée à soupe du jus de cuisson) et transvasez dans le sac de cuisson avant d'ajouter les morceaux de lapin.

4 Mélangez le supplément de farine avec le jus réservé dans la poêle. Faites revenir à feu vif, en remuant constamment, jusqu'à ce que le mélange brunisse légèrement. Retirez du feu, puis versez graduellement le mélange de purée de tomates et de bouillon, sans cesser de remuer. Remettez à cuire à feu vif en remuant toujours, jusqu'à ce que le mélange fasse des petits bouillons et épaississe. Ajoutez la crème et mélangez. Versez la sauce dans le sac de cuisson et refermez-le. Faites trois ou quatre trous dans le sac près de la fermeture, puis déposez-le dans un plat allant au four. Faites cuire à four modéré 1 heure environ, jusqu'à ce que le lapin soit tendre.

Par portion lipides 65,9 g ; 4 085 kJ

Coupez le lapin en morceaux.

Faites revenir le lapin à feu vif.

Répartissez bien la farine dans le sac de cuisson.

Faites cuire la sauce à feu vif.

Salades

Fraîches et délicieuses, les salades se déclinent à l'infini. Souvent faciles à réaliser, elles sont idéales en garniture, en entrée ou en plat principal. Si elles forment le plat principal, elles peuvent être complétées d'ingrédients plus riches – viande, fruits de mer, poulet, œufs ou fromage – pour les rendre plus nourrissantes.

Conseils de préparation

Nous proposons des salades vertes en accompagnement de nombreuses recettes figurant dans ce livre. Choisissez les variétés que vous aimez ou faites un mélange. La chicorée rouge, au goût légèrement amer, se mélange bien avec la délicieuse laitue iceberg, la feuille de chêne, la mâche et la laitue pommée. Pour donner une note originale à votre salade, variez les saveurs et les textures en ajoutant de la roquette, des endives, du cresson, des jeunes pousses d'épinards ou de betteraves.

Lavez et séchez soigneusement tous les légumes, en particulier les feuilles tendres des salades vertes. Essuyez-les bien avec un torchon avant de les mettre au frais dans un récipient hermétique en plastique. N'oubliez pas d'ôter le cœur. Si vous utilisez une essoreuse, elle peut vous servir pour conserver la salade pendant deux jours en bas de votre réfrigérateur (vous pouvez laisser un peu d'eau au fond de l'essoreuse pour éviter que la salade ne se dessèche). De nombreux légumes crus peuvent agrémenter une salade verte : oignons, radis, concombre, poivron, ciboule, céleri, chou, tomates, fenouil, etc. On peut y adjoindre également des champignons, crus ou cuits (ces derniers seront ajoutés tièdes à la dernière minute).

Versez la sauce au moment de servir, sinon la salade perd tout son croquant. N'utilisez qu'une petite quantité de sauce, pour recouvrir légèrement les légumes. Mélangez soigneusement les ingrédients avec des couverts à salade.

À propos du taboulé

Le taboulé est une délicieuse salade originaire du Liban. Il peut être servi pour accompagner un plat de viande ou dans un pain pita, en guise de garniture.

Les deux ingrédients principaux du taboulé sont le persil, qui lui donne sa saveur astringente, et le boulgour ou blé cassé. Ce dernier ne se cuit pas, mais il est mis à gonfler dans de l'eau bouillante, puis égoutté et séché avec du papier absorbant. Le boulgour doit être séché très soigneusement pour conserver sa texture moelleuse.

Pour cette recette, choisissez de préférence un persil plat (le persil frisé risque de s'écraser quand vous le hachez). Hachez les tiges et les feuilles de manière homogène.

Taboulé

Pour 6 personnes.

PRÉPARATION 15 MINUTES

Pour cette recette, il vous faudra deux bouquets de persil plat et un bouquet de menthe. Le boulgour est disponible dans les magasins diététiques et la plupart des supermarchés.

80 ml de boulgour
2 petites tomates (260 g)
5 ciboules
1 petit oignon blanc (80 g)
1 1/2 tasse de menthe fraîche, finement hachée
4 tasses de persil plat frais, grossièrement haché
1 1/2 c. s. d'huile d'olive
1 1/2 c. s. de jus de citron

1 Versez le boulgour dans un petit saladier, recouvrez-le d'eau bouillante et laissez reposer 15 minutes. Entre-temps, coupez les tomates et les différents oignons en gros dés.

2 Égouttez soigneusement le boulgour à l'aide d'une passoire fine. Rincez-le sous l'eau courante, égouttez soigneusement à nouveau, puis séchez-le avec du papier absorbant.

3 Versez les ingrédients dans un grand saladier et mélangez délicatement.

Par portion lipides 4,9 g ; 338 kJ

L'astuce du chef

Le taboulé est meilleur s'il est préparé le jour même.

Recouvrez le boulgour d'eau bouillante.

Séchez le boulgour avec du papier absorbant.

Versez les ingrédients dans un grand saladier et mélangez.

À propos du coleslaw

Le coleslaw est une salade de chou cru, à laquelle on peut ajouter de nombreux ingrédients, selon les goûts et préférences de chacun : poivron, céleri, oignon… Pour conserver à l'oignon tout son croquant, on l'ajoutera de préférence au dernier moment.

Vous pouvez utiliser n'importe quelle sorte de chou, le plus traditionnel étant le chou blanc. Le chou frisé de Milan et le chou chinois conviennent également, mais la texture du coleslaw en sera différente. Émincez le chou aussi finement que possible.

Utilisez une mayonnaise toute prête ou maison (recette page 75).

Coleslaw

Pour 4 personnes.

PRÉPARATION 15 MINUTES

1/2 petit chou (600 g)
1 carotte moyenne (120 g), râpée
4 ciboules, finement hachées
75 g de mayonnaise
2 c. c. de jus de citron

1 À l'aide d'un couteau tranchant, retirez le trognon, puis émincez le chou en fines lanières.
2 Dans un grand saladier, mélangez le chou, la carotte et les ciboules. Ajoutez la mayonnaise et le jus de citron, puis mélangez soigneusement.

Par portion lipides 4,2 g ; 357 kJ

L'astuce du chef

Le coleslaw est meilleur s'il est préparé le jour même.

Émincez le chou en fines lanières.

Mélangez les ingrédients dans un saladier.

Vérifiez si les pommes de terre sont tendres.

Mélangez tous les ingrédients.

Salade de pommes de terre aux œufs et aux ciboules

Pour 2 personnes.

PRÉPARATION 15 MINUTES • CUISSON 10 MINUTES

500 g de pommes de terre
1 œuf dur, haché grossièrement
150 g de mayonnaise
2 c. c. de vinaigre blanc
2 ciboules, hachées grossièrement
2 c. c. de persil plat frais, haché grossièrement

1 Pelez les pommes de terre puis, selon votre préférence, coupez-les en gros ou petits dés, de taille égale si possible.

2 Versez de l'eau chaude dans une casserole de taille moyenne et remplissez-la jusqu'à mi-hauteur. Couvrez et portez à ébullition, puis ajoutez les pommes de terre. Une fois que l'eau bout à nouveau, réduisez le feu, puis faites cuire à feu doux 5 minutes environ, jusqu'à ce que les pommes de terre soient juste tendres. Égouttez-les délicatement pour éviter que les morceaux ne se cassent, puis répartissez-les sur une plaque à four pour les laisser refroidir. Si vous servez cette salade chaude, passez immédiatement à l'étape 3.

3 Mélangez l'œuf, la mayonnaise et le vinaigre jusqu'à obtenir une sauce lisse. Versez les pommes de terre, la sauce, les ciboules et le persil dans un saladier. Mélangez délicatement afin que les pommes de terre soient uniformément enrobées de sauce.

Par portion lipides 21,9 g ; 1 762 kJ

L'ASTUCE DU CHEF

Cette salade est meilleure si elle est préparée le jour même.

La salade de pommes de terre

Les pommes de terre mélangées avec un peu de mayonnaise constituent la base de cette salade traditionnelle. Nous y ajoutons un œuf pour lui donner plus de saveur. Choisissez une pomme de terre à chair ferme, comme la bintje ou la pomme de terre de Noirmoutier, ou, si c'est la saison, des pommes de terre nouvelles, à la saveur légèrement sucrée et délicate. Faites-les cuire avec la peau, à l'eau ou à la vapeur, et pelez-les quand elles sont encore chaudes. Si vous optez pour des pommes de terre nouvelles, il n'est pas utile de les éplucher.

Les pommes de terre peuvent être cuites, puis coupées en dés lorsqu'elles sont encore chaudes, ou, inversement, épluchées et coupées en morceaux quand elles sont encore crues. Veillez à ne pas dépasser le temps de cuisson, sinon elles s'émiettent et sont difficiles à utiliser en salade.

Vous pouvez assaisonner votre préparation avec une mayonnaise toute prête ou maison (recette page 75).

Au micro-ondes Mettez les pommes de terre dans un plat peu profond allant au micro-ondes et versez 2 cuillerées à soupe d'eau. Couvrez, puis faites cuire à température maximale 10 minutes environ, jusqu'à ce que les pommes de terre soient à peine tendres. Remuez plusieurs fois durant la cuisson.

La salade de riz

Le riz froid se marie très bien avec nombre d'ingrédients, permettant de composer des salades multicolores, très savoureuses et nourrissantes, parfaites pour les repas d'été, les pique-niques, les déjeuners à emporter... Vous pouvez utiliser du riz blanc ou du riz complet (sachez que ce dernier doit cuire plus longtemps). Choisissez de préférence du riz long grain.

La salade de haricots blancs

Les haricots blancs sont riches en fibres et excellents en salade. Il en existe un grand nombre de variétés, que vous pouvez associer avec différents ingrédients. Pour rendre ces salades plus appétissantes encore, ajoutez des légumes croquants et de couleur vive, et servez assaisonné d'une vinaigrette bien relevée.

Utilisez des haricots fraîchement cuits ou en boîte. Ces derniers sont pratiques et permettent de gagner du temps. Versez les haricots en boîte dans une passoire et égouttez-les avant de les préparer. Il n'est pas nécessaire de les rincer, car leur jus de cuisson peut donner une saveur douce à la sauce.

Salade de riz à l'ananas

Pour 6 personnes.

PRÉPARATION 15 MINUTES • CUISSON 12 MINUTES

200 g de riz

4 ciboules, finement hachées

1 poivron rouge moyen (150 g), finement haché

310 g de maïs en boîte, égoutté

450 g de tranches d'ananas en boîte, égouttées et coupées en morceaux

60 g de raisins secs

Vinaigrette

80 ml d'huile végétale

2 c. s. de vinaigre blanc ou de jus de citron

1/4 c. c. de moutarde, en poudre

1/4 c. c. de sucre

1 Versez le riz dans une grande casserole remplie d'eau bouillante. Faites-le cuire à gros bouillons, sans couvrir, 12 minutes environ, jusqu'à ce qu'il soit tendre, puis égouttez. Rincez le riz sous l'eau courante avant de l'égoutter une seconde fois soigneusement. Versez le riz et le reste des ingrédients dans un grand saladier. Mélangez soigneusement.

2 Versez la vinaigrette sur la salade de riz, puis mélangez délicatement le tout.

Vinaigrette Versez les ingrédients dans un récipient muni d'un couvercle hermétique. Mélangez en secouant vigoureusement.

Par portion lipides 12,8 g ; 1 373 kJ

L'ASTUCE DU CHEF

La salade peut être préparée la veille et mise au frais, couverte. Ajoutez la vinaigrette juste avant de servir.

Incorporez le reste des ingrédients dans le riz.

Versez la vinaigrette sur la salade de riz.

Salade de haricots au concombre

Pour 6 personnes.

PRÉPARATION 10 MINUTES

310 g de haricots rouges en boîte

310 g de haricots blancs en boîte

310 g d'un mélange de haricots en boîte

1 branche de céleri (75 g), sans les feuilles, finement hachée

1 petit oignon blanc (80 g), finement émincé

1 grand concombre, coupé en fines tranches

1 c. s. d'huile d'olive

2 c. s. de vinaigrette

1 c. s. de persil plat frais, finement haché

1 c. c. de moutarde, en poudre

1 c. s. de jus de citron

1/2 c. c. de gingembre frais, râpé

1 Versez les haricots dans une passoire, rincez-les sous l'eau courante, puis égouttez-les soigneusement.

2 Dans un saladier de taille moyenne, versez les haricots, le céleri, l'oignon et le concombre. Ajoutez le reste des ingrédients. Mélangez délicatement et soigneusement tous les ingrédients.

Par portion lipides 5,1 g ; 508 kJ

L'ASTUCE DU CHEF

La salade peut être préparée la veille et conservée au frais, couverte.

Après avoir rincé les haricots, égouttez-les dans une passoire.

Ajoutez le reste des ingrédients préalablement mélangés.

Salade de pâtes au curry

Pour 4 personnes.

PRÉPARATION 10 MINUTES
CUISSON 10 MINUTES

180 g de petites pâtes

1 poivron rouge moyen (200 g), finement haché

1 poivron vert moyen (200 g), finement haché

2 c. s. de ciboules, finement hachées

100 g de champignons de Paris, finement hachés

Vinaigrette au curry

2 c. c. de curry en poudre

1 c. s. de sucre roux

125 ml d'huile d'arachide

60 ml de vinaigre blanc

1 c. s. de crème liquide

1 Remplissez d'eau une grande casserole, portez à ébullition, puis versez graduellement les pâtes. Faites cuire à gros bouillons, sans couvrir, 10 minutes environ, jusqu'à ce que les pâtes soient *al dente*. Égouttez soigneusement, puis versez les pâtes dans un saladier de taille moyenne avec les poivrons, les ciboules et les champignons.

2 Ajoutez la vinaigrette au curry, remuez pour bien mélanger. Servez dans des bols garnis de feuilles de laitue.

Vinaigrette au curry Versez le curry en poudre et le sucre dans un petit bol puis, à l'aide d'un fouet, délayez progressivement avec l'huile, le vinaigre et la crème.

Par portion lipides 31,6 g ; 2 393 kJ

L'astuce du chef

La salade peut être préparée jusqu'à deux jours à l'avance et conservée au frais, couverte.

La salade de pâtes

Idéale pour accompagner un plat de viande, la salade de pâtes fera également sensation lors d'un barbecue ou d'un grand pique-nique entre amis. Il existe des pâtes de toutes les couleurs et de toutes les formes, qui se prêtent à des compositions originales et savoureuses. Jouez sur des mélanges pour rendre votre salade plus attrayante.

La vinaigrette au curry doux que nous proposons ici donne une note très colorée à votre préparation et lui apporte une petite touche d'exotisme. Si vous souhaitez une sauce plus relevée, augmentez la quantité de curry.

Ajoutez les champignons aux autres ingrédients.

Versez graduellement l'huile et le curry, puis délayez à l'aide d'un fouet.

Salade Waldorf

Pour 4 personnes.

PRÉPARATION 15 MINUTES

Pour cette recette, utilisez la moitié de la mayonnaise et conservez le reste au frais, couvert, trois jours maximum.

2 grosses pommes (400 g), coupées en gros dés

2 branches de céleri (150 g), sans les feuilles, coupées en fines tranches

50 g de noix ou de noix de pécan

1 c. s. de jus de citron

Mayonnaise

2 jaunes d'œufs

1 c. c. de moutarde, en poudre

2 c. c. de jus de citron

250 ml d'huile végétale

2 c. s. d'eau chaude, environ

1 Mélangez tous les ingrédients dans un grand saladier.

2 Ajoutez la mayonnaise et mélangez soigneusement.

Préparation de la mayonnaise Mixez les jaunes d'œufs, la moutarde et le jus de citron jusqu'à obtention d'une sauce lisse. Sans cesser de mixer, versez graduellement des petits filets d'huile. Allongez avec un peu d'eau chaude.

Par portion lipides 23,4 g ; 1 091 kJ

Tout en actionnant le moteur, versez graduellement l'huile.

À propos de la salade Waldorf

Cette salade d'origine américaine marie la pomme acide, le céleri et les noix. Les ingrédients sont liés avec une mayonnaise maison. Si cette partie de la préparation vous effraie, achetez une mayonnaise toute prête, mais choisissez-en une bonne.

En fait, la réalisation de la mayonnaise n'est pas très difficile. Il faut simplement veiller à ne pas incorporer l'huile trop rapidement, sinon l'émulsion a du mal à prendre. Si tel était le cas, il est toujours possible de rattraper la situation : transvasez la mayonnaise dans un autre récipient, versez un jaune d'œuf supplémentaire dans le premier récipient initial, puis, tout en actionnant le moteur, ajoutez le mélange qui n'a pas pris goutte à goutte. Dès que la sauce commence à prendre, ajoutez le reste en petits filets.

Pâtes et riz

Les pâtes et le riz occupent une place essentielle dans le garde-manger. Par conséquent, peu importe que vous manquiez d'idées ou que votre budget soit serré, il suffit de leur ajouter quelques ingrédients simples pour improviser un dîner.

Les pâtes

Pour la plupart, le nom des pâtes décrivent très bien leur forme. Ainsi, *spaghetti* signifie « petites ficelles », *orecchiette* « petites oreilles » et *farfalle* « papillon ».

À base de farine de blé dur grossièrement moulue et d'eau, les pâtes offrent une grande variété de formes et de saveurs. Elles apportent de l'énergie, mais ne sont pas caloriques quand elles sont consommées sans ajout de matière grasse. Toutes les pâtes conviennent pour réaliser les cinq recettes proposées ci-après.

Les sauces peuvent être préparées à l'avance, puis réchauffées et servies sur des pâtes fraîchement cuites.

Les pâtes sont disponibles fraîches ou sèches. Le temps de cuisson est de 3 minutes environ pour des pâtes fraîches et de 15 minutes environ pour des pâtes sèches (mais dans ces cas il peut varier selon la taille et la date de fabrication). Lorsque vous faites cuire des pâtes, utilisez une grande casserole et remplissez-la d'eau jusqu'aux deux tiers. Une fois l'eau à ébullition, salez et versez les pâtes, puis faites cuire à gros bouillons, sans couvrir, jusqu'à ce qu'elles soient *al dente*.

Spaghettis à la bolognaise

Pour 4 personnes.

PRÉPARATION 10 MINUTES • CUISSON 40 MINUTES

1 c. s. d'huile d'olive
1 oignon moyen (150 g), finement haché
1 gousse d'ail, écrasée
500 g de bœuf, haché
410 g de tomates en boîte
140 g de purée de tomates
125 ml de vin rouge
60 ml de bouillon de bœuf
1/2 c. c. de sucre
1 c. s. de basilic frais, finement haché
2 c. c. d'origan frais
375 g de spaghettis
sel

1 Faites chauffer l'huile dans une grande casserole, puis faites revenir l'oignon et l'ail, en remuant sans cesse, jusqu'à ce que l'oignon soit blond.

2 Ajoutez la viande à feu vif dans la casserole, en remuant toujours, jusqu'à ce qu'elle soit bien dorée.

3 Incorporez les tomates non égouttées, la purée de tomates, le vin, le bouillon et le sucre ; écrasez les tomates à l'aide d'un presse-purée. Portez à ébullition, puis réduisez le feu, couvrez et laissez mijoter 30 minutes environ, jusqu'à ce que la viande hachée soit tendre et la sauce légèrement épaissie. Ajoutez les herbes, puis remuez.

4 Entre-temps, faites cuire les pâtes dans une grande casserole remplie d'eau bouillante salée, sans couvrir, jusqu'à ce qu'elles soient *al dente*, puis égouttez-les.

5 Servez les pâtes nappées de sauce.

Par portion lipides 17,5 g ; 2 613 kJ

L'ASTUCE DU CHEF

La sauce peut être préparée jusqu'à trois jours à l'avance et conservée au frais, couverte, ou au congélateur jusqu'à deux mois.

Sauce à la viande

La sauce bolognaise est délicieuse et se sert aussi bien avec des spaghettis que toute autre sorte de pâtes. Proposez accompagné de parmesan râpé, d'une salade verte et d'un pain croustillant, cela fera un repas copieux pour quatre personnes.

Ajoutez l'oignon et l'ail dans la casserole.

Remuez la viande hachée jusqu'à ce qu'elle soit bien dorée.

Écrasez les tomates dans la préparation.

Rigatoni aux tomates et au vin

Pour 4 personnes.

PRÉPARATION 10 MINUTES • CUISSON 20 MINUTES

30 g de beurre
1 oignon moyen (150 g), finement haché
1 gousse d'ail, écrasée
410 g de tomates en boîte
125 ml de vin rouge
60 ml d'eau
2 c. c. de purée de tomates
1 cube de bouillon de volaille
1 c. c. de Maïzena
1 c. s. d'eau, supplémentaire
1 c. c. de sucre
2 c. c. de basilic frais, finement haché
1 c. s. de persil plat frais, finement haché
375 g de *rigatoni*
sel

1 Faites fondre le beurre dans une grande poêle, puis faites revenir l'oignon et l'ail, jusqu'à ce que l'oignon soit tendre. Incorporez les tomates non égouttées, le vin, l'eau, la purée de tomates et le cube de bouillon. Portez à ébullition, puis réduisez le feu et laissez mijoter 10 minutes sans couvrir.

2 Versez la Maïzena préalablement délayée dans l'eau, puis faites cuire à feu vif, en remuant sans cesse, jusqu'à ce que le mélange épaississe. Ajoutez le sucre et les herbes.

3 Entre-temps, faites cuire les pâtes dans une grande casserole remplie d'eau bouillante salée, sans couvrir, jusqu'à ce qu'elles soient *al dente*, puis égouttez-les.

4 Servez les pâtes nappées de sauce.

Par portion lipides 7,6 g ; 1 751 kJ

L'ASTUCE DU CHEF

La sauce peut être préparée la veille, sans les herbes, puis conservée au frais, couverte, ou au congélateur jusqu'à deux mois. Ajoutez les herbes juste avant de servir.

Incorporez les tomates non égouttées dans la casserole.

Ajoutez la farine préalablement délayée dans l'eau.

Tomates en boîte ou tomates fraîches ?

Pour plus de facilités, cette recette est réalisée avec des tomates en boîte, mais vous pouvez les remplacer par 500 g de tomates fraîches et pelées (voir page 5). La sauce aux tomates et au vin est assez calorique. Par conséquent, il est conseillé de servir ces pâtes en plat principal.

Au micro-ondes Faites revenir le beurre, l'oignon et l'ail dans un plat adapté, sans couvrir, à température maximale 3 minutes environ, jusqu'à ce que l'oignon soit tendre. Ajoutez les tomates, le vin, l'eau, la purée de tomates et le cube de bouillon. Poursuivez la cuisson à température maximale 10 minutes. Ajoutez la Maïzena délayée dans l'eau supplémentaire et faites cuire à température maximale 2 minutes environ, jusqu'à ce que le mélange fasse de petits bouillons et épaississe. Remuez deux fois au cours de la cuisson. Ajoutez ensuite le sucre et les herbes. Faites cuire les pâtes comme indiqué à l'étape 3 ci-dessus.

Lasagnette au pesto

Pour 4 personnes.

PRÉPARATION 10 MINUTES • CUISSON 15 MINUTES

15 g de beurre
40 g de pignons
1 tasse de basilic frais, bien tassé
1 gousse d'ail, écrasée
2 c. s. de parmesan, râpé
1 c. c. de sucre
125 ml d'huile d'olive
375 g de *lasagnette*
sel

À propos du pesto

C'est le basilic frais qui donne au pesto tout son parfum. Une petite quantité de sauce suffit pour apprêter les pâtes. La recette donnée ici est prévue pour accommoder un plat principal pour quatre personnes ou une entrée pour huit.

1 Faites fondre le beurre dans une petite poêle, puis faites revenir les pignons à feu moyen, jusqu'à ce qu'ils soient légèrement dorés. Laissez refroidir.

2 À l'aide d'un mixeur, réduisez en purée le basilic, les pignons, l'ail, le parmesan et le sucre jusqu'à obtention d'une texture lisse.

3 Tout en actionnant le moteur, versez des petits filets d'huile pour obtenir un mélange homogène.

4 Entre-temps, faites cuire les pâtes dans une grande casserole remplie d'eau bouillante salée, sans couvrir, jusqu'à ce qu'elles soient *al dente*, puis égouttez-les.

5 Servez les pâtes mélangées au pesto.

Par portion lipides 40,8 g ; 2 858 kJ

L'astuce du chef

Le pesto peut être préparé jusqu'à une semaine à l'avance et conservé au frais, couvert, ou au congélateur jusqu'à trois mois.

Versez les pignons dans le robot.

Versez l'huile en petits filets.

Fettucine à la carbonara

Pour 4 personnes.

PRÉPARATION 5 MINUTES • CUISSON 15 MINUTES

500 g de *fettucine*
sel
6 tranches de lard (420 g), coupées en fines lanières
100 g de champignons de Paris, finement émincés
300 ml de crème liquide
4 œufs, légèrement battus
80 g de parmesan, grossièrement râpé

1 Faites cuire les pâtes dans une grande casserole remplie d'eau bouillante salée, sans couvrir, jusqu'à ce qu'elles soient *al dente*, puis égouttez-les. Reversez les pâtes dans la casserole pour les conserver au chaud.

2 Entre-temps, faites revenir les lanières de lard dans une grande poêle, en remuant, jusqu'à ce qu'elles soient croustillantes. Ajoutez les champignons, remuez et laissez-les cuire jusqu'à ce qu'ils soient tendres. Versez ensuite la crème et remuez jusqu'à ce que la préparation soit chaude. Sans perdre de temps, mélangez délicatement la préparation au lard avec les pâtes chaudes et les œufs mélangés au parmesan. Servez garni de feuilles d'origan.

Par portion lipides 67 g ; 4 810 kJ

Versez la crème dans la préparation au lard.

Ajoutez les œufs mélangés au parmesan.

Les macaronis

Les macaronis servis avec une sauce blanche au fromage sont un vrai régal. Vous pouvez ajouter n'importe quel reste de légumes, en plus ou à la place des petits pois. Les œufs ne sont pas indispensables. Enfin, pour rendre ce plat encore plus nourrissant, il est possible d'y ajouter du saumon ou du thon bien égoutté, du jambon ou du poulet.

La sauce à la crème

Les sauces à la crème sont très caloriques. Cette recette permet de préparer un plat copieux pour quatre personnes, sans entrée et suivi d'une salade, ou une entrée pour huit, suivie d'un poisson et d'une salade.

Macaronis au fromage

Pour 4 personnes.

PRÉPARATION 15 MINUTES • CUISSON 40 MINUTES

Utilisez des petits pois congelés et faites-les cuire avant de les incorporer dans la préparation ou utilisez un reste de petits pois cuits ou déjà décongelés. La sauce chaude redonnera aux petits pois tout leur moelleux.

180 g de macaronis
sel
30 g de beurre
2 c. s. de farine
2 c. c. de moutarde en poudre
375 ml de lait
90 g de cheddar, râpé
2 œufs durs, coupés en quatre
60 g de petits pois
2 c. s. de persil plat frais, finement haché

1 Faites cuire les pâtes dans une grande casserole remplie d'eau bouillante salée, sans couvrir, 12 minutes environ, jusqu'à ce qu'elles soient tendres, puis égouttez-les soigneusement.

2 Faites fondre le beurre dans une grande casserole, puis ajoutez la farine et la moutarde, en remuant. Faites revenir à feu moyen 2 minutes environ, sans cesser de remuer, jusqu'à ce que le mélange fasse des petits bouillons. Veillez à ce qu'il ne brunisse pas.

3 Retirez du feu, puis versez graduellement le lait, sans cesser de remuer. Replacez sur un feu moyen et remuez jusqu'à ce que la sauce bouillonne et épaississe légèrement.

4 Incorporez le fromage et remuez jusqu'à ce qu'il ait fondu.

5 Ajoutez délicatement les macaronis, les œufs, les petits pois et le persil. Servez aussitôt ou dressez dans un plat résistant à la chaleur. Saupoudrez un peu de fromage et placez sous un gril chaud quelques minutes, jusqu'à ce que le dessus soit légèrement gratiné. Vous pouvez également dresser la préparation dans un plat à gratin et mettre à cuire à four moyen 20 minutes environ, jusqu'à ce que le dessus soit légèrement doré et le tout bien chaud.

Par portion lipides 21,9 g ; 1 982 kJ

L'ASTUCE DU CHEF

Cette recette peut être préparée jusqu'à deux jours à l'avance et conservée au frais, couverte.

Au micro-ondes

Procédez comme indiqué dans l'étape 1 ci-contre, puis faites fondre le beurre dans un plat adapté à température maximale 1 minute environ. Versez la farine et la moutarde, puis le lait, en remuant constamment. Poursuivez la cuisson à température maximale, sans couvrir, 3 minutes environ jusqu'à ce que la préparation fasse des petits bouillons et épaississe. Ajoutez le fromage et remuez jusqu'à ce qu'il ait fondu. Incorporez ensuite le reste des ingrédients.

Versez les macaronis dans l'eau bouillante.

Versez la farine et la moutarde dans le beurre fondu.

Versez graduellement le lait, en remuant.

Incorporez les pâtes dans la sauce.

Faire cuire le riz

À la créole Remplissez une grande casserole d'eau jusqu'aux deux tiers et portez à ébullition. Versez ensuite 2 tasses de riz et poursuivez la cuisson à gros bouillons, sans couvrir, jusqu'à ce que le riz soit à peine tendre. Égouttez, puis aérez le riz avec une fourchette. Ne le rincez pas, sauf si mentionné dans la recette.

Rincez le riz sous l'eau courante.

Ajoutez l'eau sur le riz dans la casserole.

Aérez le riz cuit avec une fourchette.

Par absorption Versez le riz dans une passoire et rincez-le soigneusement sous l'eau courante jusqu'à ce que l'eau soit claire. Versez 2 tasses de riz dans une casserole de taille moyenne à fond épais, avec juste assez d'eau pour que le riz soit recouvert de 1 cm d'eau. Fermez hermétiquement et portez à ébullition. Réduisez le feu au plus bas et laissez cuire, à couvert, 30 minutes environ, jusqu'à ce que l'eau soit absorbée et le riz tendre. Retirez la casserole du feu et laissez reposer, couvert, 10 minutes. Aérez le riz avec une fourchette.

Au micro-ondes Dans un grand récipient adapté, versez 2 tasses de riz et 4 tasses d'eau bouillante. Faites cuire, sans couvrir, à température maximale en respectant le temps de cuisson indiqué sur le paquet, jusqu'à ce que le riz soit tendre. Remuez une fois en milieu de cuisson. Retirez du four, puis laissez reposer 5 minutes, à couvert. Aérez le riz avec une fourchette.

Riz blanc ou riz complet ?

Le riz augmente de volume au cours de la cuisson. Le riz blanc triple de volume tandis que le riz complet cuit donne un peu plus du double de son volume.

Pour obtenir 3 tasses de riz blanc cuit, il faut compter 1 tasse (200 g) de riz cru ; pour obtenir 2 1/2 tasses de riz complet cuit, il faut compter 1 tasse (200 g) de riz complet cru.

Le temps de cuisson varie selon la variété de riz utilisée. Un riz blanc ordinaire, rond ou long grain, doit cuire 10 à 15 minutes. Pour un riz complet, comptez 25 à 35 minutes, selon que vous l'aimez croquant ou moelleux. Certaines personnes préfèrent le cuire plus longtemps encore.

Faites cuire les œufs en omelette dans le wok.

Incorporez les légumes dans le wok.

À propos du riz sauté

Il y a différentes manières de faire sauter le riz. La méthode que nous proposons ici est la plus simple, car elle se prépare avec du riz déjà cuit. Le riz sauté peut accompagner un plat de viande ou des mets asiatiques. Enrichi avec les ingrédients de votre choix (légumes variés, fruits secs, viande, poulet ou fruits de mer), il peut également être servi en plat principal.

Avec sa forme évasée qui diffuse bien la chaleur, le wok est idéal pour faire un riz sauté, mais on peut aussi utiliser une simple poêle antiadhésive, de grand diamètre si possible pour que les ingrédients n'y soient pas trop serrés.

Riz sauté aux crevettes

Pour 4 personnes.

PRÉPARATION 25 MINUTES • CUISSON 25 MINUTES

2 c. c. d'huile d'arachide
2 œufs, légèrement battus
1 c. c. d'huile de sésame
4 tranches de lard (280 g), hachées grossièrement
1 oignon moyen (150 g), haché grossièrement
2 branches de céleri (150 g), sans les feuilles, coupées en fines tranches
1 gousse d'ail, écrasée
1 c. s. de gingembre frais, râpé
3 tasses de riz blanc long grain, cuit et froid
100 g de petites crevettes, cuites et décortiquées
425 g de pousses de maïs, égouttées et coupées en fines tranches
125 g de petits pois congelés, dégelés
4 ciboules, finement émincées
1 c. s. de sauce de soja

1 Faites chauffer 1 cuillerée à café d'huile d'arachide dans un grand wok ou une poêle à fond épais. Faites cuire la moitié des œufs battus, secouez le wok pour en faire une omelette fine, puis versez sur un plat. Roulez l'omelette et coupez-la en fines lanières. Répétez l'opération avec le reste des œufs.

2 Faites chauffer le reste d'huile d'arachide et l'huile de sésame dans le wok, puis faites revenir le lard jusqu'à ce qu'il brunisse. Ajoutez l'oignon, le céleri, l'ail et le gingembre. Faites sauter à feu vif jusqu'à ce que les légumes soient croquants.

3 Ajoutez le riz, les lanières d'omelette et le reste des ingrédients. Faites sauter, en secouant le wok, jusqu'à ce que les ingrédients soient bien mélangés et chauds.

Par portion lipides 10,8 g ; 1 586 kJ

L'ASTUCE DU CHEF

Le riz sauté est meilleur s'il est préparé juste avant de passer à table.

Pelez les fèves.

Mélangez le riz de manière à bien l'enrober d'huile.

Versez progressivement le bouillon.

Faire cuire le risotto

Le risotto, grand classique de la cuisine italienne, se prépare avec des ingrédients très variés et peut se cuire aussi bien dans de l'eau que dans du bouillon ou du vin, voire un mélange des trois. Il suffit d'y ajouter une grande quantité de légumes et/ou de viande, et même des fruits de mer, pour lui donner de nouvelles saveurs. N'hésitez pas à tester différentes combinaisons et notez celles qui vous conviennent le mieux.

Le risotto doit être légèrement moelleux et crémeux de texture. Il est généralement servi sans accompagnement. Le mode de cuisson est similaire à la cuisson par absorption (voir page 82).

Versez la crème en remuant.

Risotto aux fèves, au lard croustillant, au parmesan et à la sauge

Pour 4 personnes.

PRÉPARATION 10 MINUTES • CUISSON 45 MINUTES

Vous pouvez remplacer les fèves par des petits pois congelés.

1,5 l de bouillon de volaille
125 ml de vin blanc
2 c. s. d'huile d'olive
4 ciboules, finement hachées
2 gousses d'ail, écrasées
400 g de riz *arborio*
6 tranches de lard (420 g), coupées en deux
125 ml de crème fraîche
80 g de parmesan, finement râpé
500 g de fèves congelées, cuites et pelées
1 c. s. de sauge fraîche, hachée grossièrement
40 g de copeaux de parmesan

1 Versez le bouillon et le vin dans une casserole de taille moyenne. Portez à ébullition, puis réduisez le feu, couvrez et maintenez au chaud.

2 Faites chauffer l'huile dans une grande casserole, puis faites revenir la ciboule et l'ail, en remuant, jusqu'à ce que la ciboule soit tendre. Ajoutez le riz et remuez jusqu'à ce qu'il soit bien enrobé du mélange d'huile. Versez ensuite 1 tasse du mélange de bouillon chaud et poursuivez la cuisson à petit feu, en remuant, jusqu'à ce que le liquide soit absorbé.

3 Continuez à verser le mélange de bouillon, une tasse à la fois, en remuant jusqu'à complète absorption du liquide avant de renouveler l'opération. Le temps de cuisson est de 35 minutes environ, jusqu'à ce que le riz soit tendre.

4 Entre-temps, faites cuire le lard sous le gril du four jusqu'à ce qu'il soit doré et croustillant de chaque côté.

5 Retirez le risotto du feu, puis versez la crème, le parmesan râpé, les fèves et la sauge. Mélangez et servez garni de lard et de copeaux de parmesan.

Pâtes salées et sucrées

Les pâtes à tartes sont indispensables à la réalisation d'un bon nombre de recettes traditionnelles : qui peut résister à une quiche appétissante ou à une simple tarte aux pommes maison ? Il suffit d'un peu de pratique pour réussir en deux temps trois mouvements d'excellentes pâtes salées ou sucrées.

Quiche lorraine

Pour 2 personnes.

PRÉPARATION 30 MINUTES • RÉFRIGÉRATION 30 MINUTES • CUISSON 40 MINUTES

Vous pouvez remplacer le gruyère par de l'emmenthal ou un cheddar corsé.

Travaillez le beurre et la farine à la main.

Mélangez les ingrédients de la pâte.

Pétrissez la pâte jusqu'à ce qu'elle soit lisse.

150 g de farine

90 g de beurre

1 jaune d'œuf

3 c. c. de jus de citron, environ

3 tranches de lard (210 g), finement hachées

60 g de gruyère, en fines tranches

3 ciboules, finement hachées

1 œuf

125 ml de crème fraîche

1 Tamisez la farine au-dessus d'un saladier de taille moyenne, ajoutez le beurre et travaillez-le à la main pour le mélanger à la farine.

2 Ajoutez le jaune d'œuf et suffisamment de jus de citron pour que les ingrédients collent les uns aux autres lorsque vous les travaillez à la main.

3 Déposez la pâte sur une surface farinée et pétrissez-la délicatement jusqu'à ce qu'elle soit lisse. Enveloppez-la dans un film transparent et mettez-la au frais 30 minutes.

4 Divisez la pâte en deux parts. Abaissez chaque part sur la surface farinée jusqu'à ce que la pâte soit assez grande pour recouvrir un moule à tarte de 10 cm de diamètre. Soulevez la pâte délicatement et déposez-la doucement dans le moule, sans l'étirer. Pressez la pâte contre les bords cannelés, puis couvrez-la de papier sulfurisé et répartissez environ une demi-tasse de haricots blancs ou de riz sur le dessus. Mettez les moules sur une plaque à four et faites cuire la pâte à four chaud 7 minutes environ. Retirez les haricots et le papier, puis remettez les moules au four 7 minutes, jusqu'à ce que la pâte soit légèrement dorée. Laissez refroidir à température ambiante.

5 Sur un feu moyen, faites revenir le lard dans une petite poêle jusqu'à ce qu'il soit croustillant, puis égouttez-le sur du papier absorbant. Répartissez le fromage dans chaque moule et garnissez de lard et de ciboule en proportions égales.

6 Versez l'œuf et la crème dans un petit bol et battez jusqu'à obtention d'un mélange homogène. Répartissez le mélange sur les deux quiches,

La pâte

Faire reposer la pâte Emballez la pâte dans du film transparent et mettez-la au frais 30 minutes avant et après l'avoir abaissée. C'est ainsi que la pâte « repose » car le gluten (protéine) se répartit alors dans la farine, empêchant la pâte de rétrécir durant la cuisson.

Abaisser la pâte En partant du milieu vers l'extérieur, étalez la pâte de manière homogène sur une surface légèrement farinée, en utilisant juste assez de farine pour qu'elle ne colle pas au plan de travail, qui doit être de préférence froid. Faites rouler le rouleau à pâtisserie de l'avant vers l'arrière, par mouvements courts et légers. Pressez moins sur les bords pour ne pas les aplatir.

Conserver la pâte La pâte peut être conservée, emballée dans un sachet en plastique, 2 jours au réfrigérateur ou 2 mois au congélateur.

Recouvrez les moules de haricots blancs.

Répartissez la garniture dans les moules.

puis faites-les cuire à four moyen 20 minutes environ, jusqu'à ce qu'elles soient fermes et légèrement dorées.

Par portion lipides 85,2 g ; 4 764 kJ

L'astuce du chef

La pâte peut être préparée une semaine à l'avance et conservée au frais dans un récipient hermétique.

La pâte brisée Elle sert à la confection des quiches lorraines et c'est sans doute la pâte la plus couramment utilisée. Il faut toujours la travailler rapidement. Si vous la pétrissez trop, elle devient dure et sèche.

N'utilisez qu'une infime quantité de liquide pour lier les ingrédients. Si la pâte est trop molle, elle va rétrécir durant la cuisson. Enfin, si vous utilisez un robot pour faire la pâte, ajoutez moins de liquide que si vous la faisiez à la main.

La cuisson à blanc Pour cette recette, nous avons recours à la « cuisson à blanc ». La pâte est cuite dans le moule à tarte une première fois, sans garniture. Elle est recouverte de papier sulfurisé sur lequel sont répartis des haricots, des fèves ou du riz. Cette méthode permet à la pâte de rester croustillante, même si la garniture est relativement liquide, comme c'est le cas avec la quiche.

Tourte aux épinards

Pour 4 personnes.

PRÉPARATION 40 MINUTES • CUISSON 50 MINUTES

Cette tourte peut être servie chaude ou froide, en entrée ou en plat principal.

8 feuilles d'épinards de taille moyenne
30 g de beurre
6 ciboules, hachées grossièrement
100 g de cottage cheese
150 g de feta, émiettée
25 g de parmesan, râpé
1/4 c. c. de noix de muscade
4 œufs, légèrement battus
8 feuilles de brick
60 g de beurre fondu, supplémentaires

1 Rincez les feuilles d'épinards sous l'eau courante, puis coupez les racines. Mettez les feuilles dans une grande casserole, avec un peu d'eau. Couvrez et portez à ébullition, puis baissez le feu. Laissez cuire à feu doux, couvert, 3 minutes environ, jusqu'à ce que les épinards soient tendres. Versez dans une passoire pour les égoutter, puis laissez-les refroidir à température ambiante. Pressez les feuilles entre vos mains pour éliminer l'eau superflue. Hachez les feuilles finement, puis mettez-les dans un saladier de taille moyenne.

2 Faites fondre le beurre dans une petite poêle, puis faites revenir la ciboule 3 minutes environ, jusqu'à ce qu'elle soit tendre. Versez sur les épinards avec les fromages, la noix de muscade et les œufs. Remuez soigneusement.

3 Déposez une feuille de brick sur le plan de travail et badigeonnez-la d'un peu de beurre supplémentaire. Déposez une seconde feuille sur la première, badigeonnez également de beurre. Répétez l'opération avec 2 feuilles de brick supplémentaires.

4 Graissez un plat allant au four de 13 cm x 23 cm. Déposez délicatement les quatre feuilles superposées dans le plat. À l'aide d'une paire de ciseaux, égalisez les côtés de la pâte, en coupant à 2 cm du bord. Versez la préparation aux épinards dans le plat et répartissez-la harmonieusement, sans tasser.

5 Superposez les 4 feuilles de brick restantes badigeonnées avec le reste de beurre fondu. Pliez la pâte en deux sans presser. Avec un peu d'eau, humidifiez légèrement la pâte sur les bords du moule. Posez la pâte pliée sur la préparation aux épinards, dépliez-la, égalisez les côtés et badigeonnez le dessus avec le reste de beurre.

6 Faites cuire à four chaud 40 minutes environ, jusqu'à ce que le dessus soit doré. Servez garni de ciboules et de persil.

Par portion lipides 37,1 g ; 2 124 kJ

L'ASTUCE DU CHEF

La recette est meilleure si elle est préparée juste avant de passer à table.

Les feuilles de brick Vendue en feuilles fraîches ou surgelées, cette pâte est disponible dans les épiceries fines et la plupart des supermarchés.

Une fois le paquet ouvert, les feuilles se conservent quelques jours au réfrigérateur. Vérifiez les instructions données sur le paquet quant au mode de conservation approprié.

Il est important de couvrir les feuilles de brick pendant la préparation. En effet, elles sont très fines et risquent de sécher et de se casser. La meilleure façon de procéder est de les recouvrir entièrement de film plastique ou d'une feuille de papier sulfurisé, puis d'un torchon humide, bien essoré.

Pressez les feuilles d'épinards pour éliminer l'eau.

Badigeonnez les feuilles de brick de beurre fondu.

Égalisez la pâte sur les côtés.

Pour un repas léger
et savoureux, servez
les quiches et tourtes
aux légumes accompagnées
d'une salade verte
ou d'une salade mixte.

Tarte aux pommes à l'ancienne

Pour 8 personnes.

PRÉPARATION 50 MINUTES • RÉFRIGÉRATION 30 MINUTES • CUISSON 45 MINUTES

Cette tarte peut être préparée deux jours à l'avance et conservée au frais, mais la pâte risque de ramollir un peu. La pâte peut être préparée la veille et conservée au frais, dans un film plastique, ou au congélateur jusqu'à deux mois. Sortez la pâte à température ambiante avant de l'abaisser.

Travaillez le beurre et le mélange de farines.

Abaissez la pâte entre deux feuilles de film transparent.

Utilisez la feuille de film transparent pour transvaser la pâte dans le moule.

150 g de farine

75 g de farine avec levure incorporée

35 g de Maïzena

30 g de crème anglaise, en poudre

2 c. s. de sucre roux

125 g de beurre, coupé en gros dés

1 œuf, séparé

60 ml d'eau, environ

Garniture

7 grosses pommes (1,4 kg)

125 ml d'eau

2 c. s. de sucre

1/4 c. c. de cannelle, moulue

1 c. c. de zeste de citron, râpé

1 Mélangez les farines, la crème anglaise en poudre et la moitié du sucre dans un grand saladier. Ajoutez le beurre et travaillez la pâte, à la main, ou au robot, jusqu'à ce que les ingrédients soient mélangés.

2 Ajoutez juste ce qu'il faut du mélange de jaune d'œuf et d'eau pour obtenir une pâte ferme. Déposez la pâte sur une surface légèrement farinée et pétrissez-la jusqu'à obtention d'une boule lisse, puis coupez-la en deux et enveloppez les moitiés dans un film transparent. Mettez au frais 30 minutes.

3 Abaissez une moitié de pâte placée entre deux feuilles de film transparent ou de papier sulfurisé jusqu'à ce que la pâte soit assez grande pour tapisser un moule profond de 23 cm de diamètre.

4 Retirez le film transparent placé sur le dessus, conservez l'autre pour mieux transvasez la pâte dans le moule. Foncez délicatement la pâte dans le moule, sans l'étirer. Retirez soigneusement le film restant.

5 À l'aide d'un couteau tranchant, égalisez les côtés et réservez les chutes de pâte.

6 À l'aide d'une cuillère, répartissez la garniture aux pommes dans le moule. Badigeonnez le bord avec le blanc d'œuf légèrement battu.

7 Abaissez l'autre moitié de pâte, comme précédemment, puis placez-la sur la garniture pour la recouvrir. Pressez les bords fermement et égalisez avec un couteau. Du bout des doigts, pincez les bords pour faire une frise.

8 Abaissez les chutes de pâte entre deux couches de film transparent, puis coupez-les en forme de feuille, par exemple. Avec un petit couteau, tracez des nervures sur les feuilles. Badigeonnez la pâte au blanc d'œuf, placez ensuite les petites feuilles et badigeonnez-les également. Saupoudrez le reste de sucre sur le dessus de manière homogène.

9 Faites cuire à four chaud 20 minutes. Baissez la température sur moyen et poursuivez la cuisson 20 minutes, jusqu'à ce que la tarte soit dorée.

Garniture Pelez les pommes et coupez-les en quatre. Retirez les trognons, puis coupez chaque quartier en deux dans le sens de la longueur. Mettez les pommes dans une grande casserole remplie d'eau. Portez à ébullition, puis réduisez le feu, couvrez et faites cuire 5 minutes environ, jusqu'à ce que les pommes soient juste tendres. Transvasez les pommes dans un grand saladier. Ajoutez le sucre, la cannelle et le zeste de citron. Mélangez délicatement, puis laissez refroidir à température ambiante.

Par portion lipides 14 g ; 1 363 kJ

Une simple pâte à gâteau

Cette pâte, à la fois tendre et biscuitée, contient très peu de levure. Comme pour la pâte brisée, il faut commencer par travailler le beurre et la farine. Les débutants n'auront pas de peine à franchir cette étape.

Il n'est pas nécessaire de graisser le moule car la pâte contient suffisamment de beurre pour l'empêcher de coller au fond.

Vous pouvez servir cette tarte aux pommes chaude ou froide, accompagnée de crème fraîche épaisse et/ou de glace à la vanille.

Égalisez le pourtour de la pâte.

Répartissez la garniture froide dans le moule.

Pincez les bords pour faire une frise.

Pancakes

Pour 20 pancakes.

PRÉPARATION 10 MINUTES • CUISSON 10 MINUTES

150 g de farine avec levure incorporée

55 g de sucre roux

1/4 c. c. de bicarbonate de soude

1 œuf

180 ml de lait, environ

1 c. c. de vinaigre blanc

15 g de beurre, fondu

1 Versez la farine, le sucre et le bicarbonate dans un saladier de taille moyenne. Faites un puits au milieu et versez graduellement le mélange œuf-lait-vinaigre, sans cessez remuer, pour obtenir une pâte lisse. Ajoutez ensuite le beurre. Vous pouvez également réaliser cette pâte au mixeur, en mélangeant les ingrédients jusqu'à obtention d'une pâte lisse.

2 Faites chauffer une grande poêle à fond épais. Graissez la poêle avec du beurre – une fois devrait suffire. Veillez à ne pas mettre trop de beurre, sinon des petits points blancs apparaîtront sur les bords, qui cuisent en premier. Versez 4 cuillerées à soupe de pâte dans la poêle, en faisant couler la pâte du haut de la cuillère vers le bas pour former des cercles. Laissez suffisamment d'espace entre chaque pancake pour éviter qu'ils ne se touchent.

3 Dès l'apparition de petites bulles, retournez les pancakes avec une spatule et faites-les cuire sur l'autre face jusqu'à ce qu'ils soient dorés. Ne retournez pas les pancakes une seconde fois, sinon ils deviennent durs. S'ils ont cuit trop longtemps sur le premier côté, une bordure blanche apparaît sur les côtés.

Par portion lipides 1,3 g ; 213 kJ

L'astuce du chef

Les pancakes sont meilleurs quand ils sont dégustés dans les heures qui suivent leur confection. Ils peuvent également être congelées 2 mois au maximum. Disposez-les sur une surface plate, puis emballez le tout dans un sachet alimentaire.

Versez progressivement le mélange œuf-lait sur la farine.

Versez la pâte dans la poêle en formant des cercles.

Les pâtes à crêpes

Les pâtes à crêpes sont faites à partir d'un mélange de farine et de liquide. Divers ingrédients peuvent être ajoutés selon qu'il s'agit de crêpes, de gaufres, de pancakes ou d'autres spécialités. Ces pâtes servent également à enrober et à lier toutes sortes d'aliments destinés à la friture. Si vous avez le temps de préparer la pâte à l'avance pour la laisser reposer, le résultat sera meilleur. La pâte deviendra légèrement plus épaisse et il faudra peut-être l'allonger un peu avec du lait, de l'eau ou un alcool doux. Deux cuillerées à soupe suffisent généralement. Ajoutez ce supplément de liquide progressivement, jusqu'à ce que la pâte soit bien fluide.

Plus épais que les crêpes et d'un diamètre plus réduit, les pancakes sont faciles à faire et idéals pour un goûter improvisé. Servez-les chauds avec un peu de beurre, de la confiture et de la crème ou du sirop d'érable. La préparation de base peut être parfumée (cannelle, gingembre, noix de muscade…) ou enrichie de fruits secs finement hachés.

Les pancakes doivent être cuits dans une poêle peu profonde, à fond épais. Il existe des poêles réservées à cet usage.

Crêpes au sucre et au citron

Pour 15 crêpes environ.

PRÉPARATION 10 MINUTES • CUISSON 10 MINUTES

Versez la pâte au milieu de la poêle.

Retournez la crêpe à l'aide d'une spatule.

300 g de farine
4 œufs, légèrement battus
500 ml de lait, environ
40 g de beurre
60 ml de jus de citron, environ
2 c. s. de sucre, environ

1 Versez la farine dans un saladier de taille moyenne et formez un puits au milieu. Ajoutez graduellement, en fouettant ou en remuant, les œufs et assez de lait pour obtenir une pâte fine et lisse. Vous pouvez également mélanger la farine, les œufs et le lait au mixeur jusqu'à obtention d'une pâte homogène et lisse.

2 Faites chauffer une poêle à fond épais quelques minutes. Déposez une demi-cuillerée de beurre dans la poêle et remuez-le pour bien graisser la poêle. Versez le quart d'une tasse de pâte au centre de la poêle. Inclinez aussitôt la poêle de manière à répartir la pâte du milieu vers les bords.

3 Quand la crêpe est légèrement dorée dessous, retournez-la pour faire cuire l'autre côté. Faites-le avec une spatule. Vous pouvez également faire sauter la crêpe en l'air pour la retourner, mais cette pratique requiert un minimum d'expérience !

4 Servez aussitôt, sur des assiettes chaudes. Étalez un peu de beurre sur un des côtés de la crêpe, versez quelques gouttes de jus de citron et saupoudrez de sucre.

Par portion lipides 5,1 g ; 595 kJ

Desserts

Vous trouverez dans ce chapitre un choix de desserts à base de crème anglaise, un délicieux pudding au citron, une mousse au chocolat renversante et un superbe crumble aux fruits. Sans oublier les secrets de la Pavlova, qui vous permettront de réussir à coup sûr cette merveilleuse tarte meringuée aux fruits !

À propos de la crème anglaise

Il s'agit tout simplement d'un mélange de lait, d'œufs et de sucre, le tout généralement parfumé à la vanille. Préparez une crème anglaise liquide si vous souhaitez une sauce à dessert ou faites-la cuire au four pour obtenir un flan.

Il est conseillé de faire cuire la crème liquide au-dessus d'une eau frémissante et de faire cuire le flan au bain-marie (voir page 99), car l'eau empêche la préparation de devenir trop chaude et de tourner.

Les œufs sont idéals pour solidifier une préparation. Ainsi, un gros œuf frais permet d'épaissir 250 ml de lait (selon le mode de cuisson). Plus vous ajoutez d'œufs dans le lait (et/ou la crème), plus ferme sera la crème anglaise. Cette recette pourra également vous aider à préparer une crème caramel, un pudding, un gâteau de riz à la crème, un diplomate et d'innombrables autres desserts.

Pudding aux abricots séchés

Pour 4 personnes.

PRÉPARATION 15 MINUTES • REPOS 10 MINUTES • CUISSON 40 MINUTES

Il est déconseillé de réchauffer ce dessert, qui est délicieux servi froid avec de la crème ou un mélange de fruits frais.

3 œufs
2 c. s. de sucre roux
1 c. c. d'essence de vanille
625 ml de lait
30 g de beurre
110 g de confiture d'abricots
8 tranches de pain blanc, rassis
75 g d'abricots secs, hachés grossièrement
1/4 c. c. de cannelle ou de noix de muscade, moulue

1 Fouettez les œufs, le sucre et l'essence de vanille dans un saladier de taille moyenne, puis versez le lait graduellement, sans cesser de battre.

2 Étalez le beurre et la confiture sur chaque tranche de pain. À l'aide d'un couteau, éliminez les croûtes. Coupez les tranches en deux ou en morceaux de la longueur d'un doigt. Disposez une couche de pain dans un plat à gratin (750 ml). Couvrez avec les abricots et la moitié du mélange de crème, puis laissez reposer 10 minutes pour permettre au pain de ramollir.

3 Disposez le reste des tranches de pain, face beurrée dessous. Versez le reste de crème anglaise sur le dessus. Saupoudrez légèrement de cannelle ou de noix de muscade.

4 Placez le plat à gratin dans un plat à rôtir rempli d'eau bouillante jusqu'à mi-hauteur. Faites cuire à four moyen 40 minutes environ, jusqu'à ce que le dessert soit ferme.

Par portion lipides 18,3 g ; 2 287 kJ

L'astuce du chef

La crème anglaise peut être préparée jusqu'à trois jours à l'avance et conservée au frais, à couvert.

À propos du pudding Cette recette est bien connue des Anglais et fut inventée à l'origine pour ne pas gaspiller le pain rassis. Utilisez de préférence du pain un peu rassis.

Vous pouvez utiliser la confiture et les fruits secs de votre choix. Si les fruits secs sont durs, coupez-les en petits dés et laissez-les tremper dans un peu d'eau bouillante 30 minutes environ, jusqu'à ce qu'ils

Répartissez les abricots dans le plat.

Recouvrez avec le reste des tranches de pain.

Placez le plat dans un plat allant au four.

Gâteau de riz à la crème

Pour 4 personnes.

PRÉPARATION 10 MINUTES • CUISSON 1 H 05

Il est déconseillé de faire réchauffer ce dessert.

3 œufs
75 g de sucre roux
1 c. c. d'essence de vanille
625 ml de lait
100 g de riz cuit
40 g de raisins secs
1/2 c. c. de noix de muscade ou de cannelle, moulue

1 Battez les œufs, le sucre, l'essence de vanille et le lait dans un saladier de taille moyenne, puis ajoutez le riz et les raisins secs.

2 Versez la préparation dans un plat à gratin. Placez-le dans un plat à rôtir que vous allez remplir d'eau bouillante jusqu'à mi-hauteur.

3 Faites cuire à four moyen 35 minutes. Glissez une fourchette sous la peau de la crème et remuez le riz pour le répartir de manière uniforme. Poursuivez la cuisson 15 minutes, puis remuez à nouveau avec la fourchette.

4 Saupoudrez la crème de noix de muscade ou de cannelle et faites cuire encore 15 minutes, jusqu'à ce qu'elle soit presque ferme. Servez garni de framboises.

Par portion lipides 10,2 g ; 1 236 kJ

L'astuce du chef

Ce dessert peut être préparé jusqu'à trois jours à l'avance et conservé au frais, à couvert.

Incorporez le riz et les raisins secs dans le mélange aux œufs.

Remuez pour bien répartir le riz.

Le riz à la crème Cette recette fut inventée pour utiliser les restes de riz. À défaut de restes, faites cuire 2 cuillerées à soupe de riz pour obtenir une demi-tasse de riz cuit.

Au cours de la cuisson, remuez délicatement, à plusieurs reprises, le riz sous la crème afin de bien le répartir dans le plat et éviter qu'il n'attache au fond du plat. Tous les fruits secs, coupés en petits dés, conviennent pour rendre ce dessert plus délicieux encore. Au moment de servir, vous pouvez aussi décorer chaque assiette de fruits rouges frais.

Diplomate

Pour 4 personnes.

PRÉPARATION 25 MINUTES (PLUS TEMPS DE RÉFRIGÉRATION ET TEMPS DE REPOS) • 10 MINUTES

Pour cette recette, achetez ou utilisez un reste de biscuit de Savoie, de cake au beurre ou de quatre-quarts.

150 g de biscuit
2 c. s. de sherry doux
85 g de gelée en paquet, parfum framboise
250 ml d'eau bouillante
125 ml d'eau froide
425 g de pêches en boîte, coupées en tranches et égouttées
125 ml de crème épaisse
2 c. s. de sucre glace

Crème anglaise

430 ml de lait
30 g de crème anglaise en poudre
2 c. s. de sucre roux
60 ml de lait, supplémentaires
1 c. s. de sherry doux

Mouillez les morceaux de biscuit avec le sherry.

Versez la gelée sur le biscuit en la faisant couler sur le dos de la cuillère.

1 Coupez le biscuit en morceaux de la même taille. Disposez-les dans un grand plat et mouillez-les avec le sherry.

2 Mélangez la gelée et l'eau bouillante dans un saladier de taille moyenne. Versez l'eau froide en remuant. Transvasez le mélange dans un pot de taille moyenne. Versez le liquide en le faisant couler sur le dos d'une cuillère pour éviter que les morceaux de biscuit ne se cassent. Mettez ensuite au frais jusqu'à ce que la préparation soit ferme.

3 Disposez les pêches sur la gelée, puis garnissez le dessus avec la crème anglaise. Mettez au frais jusqu'à ce que la préparation soit ferme. Battez la crème avec le sucre glace jusqu'à la formation de petits pics à la surface. Décorez le dessus du diplomate avec la crème fouettée. Garnissez avec un supplément de fruits.

Crème anglaise Versez le lait dans une casserole de taille moyenne. Portez à ébullition, puis baissez le feu. Dans un petit bol, délayez la crème anglaise en poudre et le sucre dans le lait supplémentaire. Une fois que le mélange est lisse, versez-le progressivement dans le lait chaud, sans cesser de remuer, et poursuivez la cuisson à feu moyen, jusqu'à ce que la préparation fasse des petits bouillons et épaississe. Versez le sherry, remuez et couvrez, puis laissez reposer 10 minutes.

Par portion lipides 20,6 g ; 2 027 kJ

L'ASTUCE DU CHEF

Le diplomate peut être préparé jusqu'à une semaine à l'avance et conservé au frais, à couvert.

À propos du diplomate

Ce dessert plaît à tout le monde, petits et grands confondus. C'est une excellente manière de transformer un biscuit ordinaire en un dessert raffiné. Variez les ingrédients selon vos envies et ce que vous avez sous la main.

Nous aimons que le biscuit soit figé sur une base de gelée. Certaines personnes préfèrent au contraire qu'il serve de base, après avoir été mouillé avec du jus d'orange ou du sherry. Elles ajoutent ensuite la gelée, puis la crème anglaise, et garnissent avec des noix et des fruits.

La crème anglaise en poudre peut être préparée directement sur le feu car elle résiste à l'ébullition. Par contre, si vous l'épaississez avec des œufs, faites-la cuire au bain-marie.

Crème caramel

Pour 8 personnes.

PRÉPARATION 20 MINUTES • CUISSON 50 MINUTES

165 g de sucre roux
180 ml d'eau
6 œufs
2 c. c. d'essence de vanille
75 g de sucre roux, supplémentaires
430 ml de lait
300 ml de crème épaisse

1 Mélangez le sucre et l'eau dans une casserole de taille moyenne à fond épais. À l'aide d'une cuillère en bois, remuez constamment, sans porter à ébullition, jusqu'à ce que le sucre soit dissous. Passez un pinceau de cuisine humide sur les côtés de la casserole pour faire tomber les cristaux de sucre avant de porter le mélange à ébullition.

2 Portez à ébullition et laissez bouillir, sans couvrir et sans remuer, 5 minutes environ, jusqu'à ce que le mélange devienne légèrement brun doré.

3 Versez le caramel dans un moule à gâteau de 20 cm de diamètre (inutile de graisser le moule). Tenez le moule avec un torchon, puis inclinez-le rapidement pour répartir le caramel sur tout le fond. Il est normal que le caramel durcisse à ce stade de la préparation.

4 Dans un saladier de taille moyenne, fouettez légèrement les œufs, l'essence de vanille et le supplément de sucre. Ne le faites pas trop longtemps, sinon la crème sera trop aérée. Dans une casserole de taille moyenne, mélangez le lait et la crème. Portez à ébullition, puis diminuez le feu suffisamment pour qu'il n'y ait plus de bulles sur les côtés. Versez progressivement ce mélange de lait dans le mélange d'œufs, sans cesser de remuer avec le fouet. Versez le liquide dans le moule sur le caramel.

5 Placez le moule dans un plat à rôtir rempli d'eau bouillante jusqu'à mi-hauteur. Faites cuire à four moyen 40 minutes environ, jusqu'à ce que le flan soit presque ferme. Il deviendra plus ferme en refroidissant. Sortez le moule de l'eau et laissez refroidir quelques heures à température ambiante, puis couvrez et mettez au frais une nuit entière, pour permettre au caramel de bien enrober le flan au moment du démoulage.

6 Du bout du doigt, appuyez sur le dessus du flan pour le détacher du bord du moule. Il ne doit pas coller au moule. Si vous avez un doute, passez délicatement la pointe d'un couteau ou d'une spatule le long des bords. Retournez le flan sur le plat de service. Servez accompagné de crème battue et d'un coulis aux fruits de la passion.

Par portion lipides 22,5 g ; 1 511 kJ

L'astuce du chef

Cette recette doit être préparée la veille et peut être conservée jusqu'à 4 jours au frais, à couvert.

Frottez les bords de la casserole pour faire tomber les cristaux de sucre.

Portez le mélange de sucre et d'eau à ébullition.

Tenez le moule avec un torchon pour verser le caramel.

Faites cuire la crème au four, au bain-marie.

Cuisson de la crème caramel

La crème caramel est un des grands classiques de la cuisine familiale. Pour la réussir, il faut respecter quelques principes de base.

Il est important que le plat à rôtir dans lequel sera placé le moule soit rempli avec de l'eau bouillante. Car la cuisson au bain-marie évite aux ingrédients de cuire à une température trop élevée, ce qui risquerait de faire tourner la préparation.

Le caramel de nappage est obtenu avec du sucre et un peu d'eau, ce qui rend la tâche plus facile pour les débutants. Quand vous maîtriserez mieux la confection de cette recette, vous pourrez supprimer l'eau. Il suffit alors de verser les trois quarts d'une tasse de sucre (165 g) dans une casserole et de le faire fondre à feu assez vif, jusqu'à ce qu'il prenne une belle couleur dorée. Le goût du caramel sera identique

Quand le dessert a fini de cuire, il est encore un peu « tremblant » au centre, ce qui est normal. Si vous craignez qu'il ne soit pas assez ferme une fois refroidi, enfoncez la pointe d'un couteau au milieu, jusqu'à mi-hauteur environ. Si la pointe du couteau révèle des traces de lait lorsque vous la retirez, remettez la crème 5 minutes au four, puis faites un nouvel essai. Si la lame est propre, la crème est cuite.

N'oubliez pas de sortir le dessert du bain-marie, sinon il continue de cuire. Il est également important que la crème refroidisse à température ambiante avant d'être placée au réfrigérateur pour la nuit.

Le dessert est mis au frais une nuit entière pour permettre au caramel de se liquéfier et de se détacher du moule afin de napper le flan. Choisissez un plat de service assez profond ou pourvu d'un rebord assez haut pour contenir le caramel.

Le riz au lait

Le riz au lait est une recette ancienne. Dégustez-la nature ou ajoutez des fruits frais, en boîte ou en compote. Ce dessert peut être servi chaud ou froid.

Si vous le préférez froid, réduisez le temps de cuisson de moitié ou interrompez la cuisson dès que les deux tiers du lait ont été absorbés. Le riz refroidira tout en finissant d'absorber le reste de lait.

Riz au lait et pommes étuvées

Pour 4 personnes.

PRÉPARATION 15 MINUTES
CUISSON 1 HEURE

Nous avons utilisé des granny smith pour cette recette.

100 g de riz grain court
1 l de lait
110 g de sucre
1 c. c. d'essence de vanille

Pommes étuvées

2 pommes moyennes (300 g)
125 ml d'eau
1 c. s. de sucre

1 Rincez le riz dans une passoire sous l'eau courante jusqu'à ce que l'eau soit claire. Égouttez-le soigneusement. Mélangez le lait et le sucre dans une casserole de taille moyenne à fond épais. Portez à ébullition, puis réduisez le feu au plus bas. Fermez avec un couvercle. Laissez cuire le riz lentement, en mijotant très doucement, sinon il risque de brûler au fond de la casserole.

2 Faites cuire 1 heure environ, en remuant plusieurs fois durant la cuisson pour éviter que le riz ne colle au fond de la casserole. Laissez cuire jusqu'à ce que le riz ait absorbé presque tout le lait. Ajoutez l'essence de vanille. Servez chaud avec les pommes fondantes. Saupoudrez-les de cannelle si vous le souhaitez.

Pommes étuvées Pelez les pommes, puis coupez-les en quatre. Retirez les trognons et coupez en tranches. Portez l'eau et le sucre à ébullition dans une casserole de taille moyenne, puis ajoutez les pommes. Couvrez et portez à nouveau à ébullition. Réduisez le feu, couvrez et laissez mijoter 5 minutes environ, jusqu'à ce que les pommes soient fondantes.

Par portion lipides 10 g ; 1 670 kJ

Versez le riz préalablement rincé dans le mélange de lait.

Remuez le mélange de riz pour l'empêcher de coller.

L'astuce du chef

La recette est meilleure si elle est préparée juste avant de passer à table.

Au micro-ondes Mélangez l'eau et le sucre, selon la recette de gauche, dans un plat adapté au micro-ondes. Couvrez et faites cuire à température maximale 1 minute environ, jusqu'à ce que le mélange soit à la limite de l'ébullition. Ajoutez les pommes pelées et coupées. Couvrez et faites cuire à température maximale 3 minutes environ, jusqu'à ce que les pommes soient fondantes.

Crumble aux pommes et aux fruits secs

Pour 4 personnes.

PRÉPARATION 15 MINUTES • CUISSON 35 MINUTES

Nous avons utilisé des granny smith pour cette recette.

2 grosses pommes (400 g)
95 g d'un mélange de fruits secs
1 c. s. d'eau
1 c. s. de jus de citron
20 g de flocons d'avoine
1 c. c. de noix de coco séchée
2 c. s. de farine complète
1/4 c. c. de cannelle, moulue
30 g de beurre
50 g de sucre roux, bien tassé

1 Pelez les pommes, coupez-les en quatre, retirez les trognons et émincez-les en tranches. Dans une casserole de taille moyenne, mélangez les pommes avec les fruits secs, l'eau et le jus de citron. Portez à ébullition, puis réduisez le feu. Couvrez et laissez mijoter 5 minutes environ, jusqu'à ce que les pommes soient fondantes. À l'aide d'une cuillère, répartissez la préparation dans 4 moules (180 ml) allant au four.

2 Dans un petit saladier, mélangez les flocons d'avoine, la noix de coco, la farine et la cannelle. Incorporez le beurre et, du bout des doigts, travaillez le mélange jusqu'à obtention d'une pâte grossière et friable. Ajoutez le sucre et mélangez.

3 Répartissez uniformément la pâte sur le mélange de fruits et faites cuire à four moyen 30 minutes environ, jusqu'à ce que le dessus soit brun doré. Servez accompagné de glace.

Par portion lipides 8 g ; 1 030 kJ

L'ASTUCE DU CHEF

Conservé au frais et à couvert, le crumble peut être préparé deux jours avant sa cuisson.

À l'aide d'une cuillère, répartissez les pommes dans les plats individuels.

Recouvrez le mélange de pommes avec le crumble.

Au micro-ondes Disposez les pommes, préparées comme indiqué ci-dessus, avec les fruits secs, l'eau et le jus de citron dans un grand plat adapté au micro-ondes. Couvrez et faites cuire à température maximale 1 minute environ, jusqu'à ce que les pommes soient fondantes. Poursuivez ensuite la recette, comme indiqué ci-dessus.

À propos de la meringue

La tarte Pavlova se présente sous la forme d'une grande meringue fourrée aux fruits et à la crème. La meringue doit être sèche et croustillante à l'extérieur et moelleuse à l'intérieur.

La Pavlova est une source de soucis pour bien des cuisiniers. Si vous la réussissez chaque fois, c'est que vous êtes un prodige.

Le succès de sa fabrication dépend d'un certain nombre d'éléments, et c'est pour cette raison que la tarte peut être très différente d'une fois sur l'autre.

Les avis diffèrent sur la question des œufs en neige : faut-il les battre aussitôt sortis du réfrigérateur, comme le préconisent certains, ou doit-on les laisser à température ambiante avant de les monter en neige ? Avec l'expérience, on peut dire que les deux solutions se valent et donnent l'une comme l'autre de beaux œufs en neige. En revanche, une ambiance humide peut altérer la qualité de la meringue.

Les blancs d'œufs doivent être très frais et de bonne qualité. On choisira de préférence de gros œufs et il est impératif de dissoudre le sucre jusqu'au dernier cristal.

Ne vous inquiétez pas si votre Pavlova se fissure par endroits. Qui sait à quoi elle ressemblera la fois suivante et il suffit d'un peu de crème pour masquer les trous !

Pavlova

(tarte meringuée aux fruits)

Pour 8 personnes.

PRÉPARATION 15 MINUTES • CUISSON 1 H 30 • REPOS 1 HEURE

Nous ne donnons ici que les ingrédients nécessaires à la fabrication de la meringue. Pour la garniture, laissez parler votre imagination.

4 blancs d'œufs
220 g de sucre roux

1 Versez les blancs d'œufs dans un petit saladier, puis battez-les à l'aide d'un fouet électrique à vitesse maximale 1 minute environ, jusqu'à la formation de petits pics à la surface. Incorporez le sucre, une cuillerée à la fois. Continuez à battre après chaque adjonction de sucre jusqu'à ce qu'il soit complètement dissous avant d'ajouter une nouvelle cuillerée. Raclez le sucre resté collé sur les côtés du saladier ou sur le fouet. Cette opération dure 10 minutes environ, mais peut varier selon la température ambiante, l'humidité et la taille des blancs d'œufs.

2 Graissez légèrement une plaque à four. Saupoudrez-la d'un peu de farine, puis secouez pour enlever l'excédent. À l'aide d'une assiette, tracez un cercle de 18 cm de diamètre sur la plaque.

3 Déversez la meringue à l'intérieur du cercle puis, à l'aide d'une spatule, étalez-la délicatement de manière à ce qu'elle recouvre le cercle tracé sur la plaque à four. Tracez des sillons sur les côtés afin que la meringue reste compacte durant la cuisson.

4 Aplatissez le dessus de la meringue, puis faites cuire à four très bas 1 heure à 1 h 30, jusqu'à ce que la meringue semble sèche et croustillante. Éteignez le four et laissez la porte entrouverte pour laisser la meringue refroidir dans le four. Comptez 1 heure environ. À l'aide d'un couteau tranchant, coupez délicatement le dessus de la meringue en faisant un cercle. Faites doucement glisser le centre croustillant sur la guimauve au milieu. Il arrive que le centre tombe tout seul. Remplissez cette cavité avec la garniture et les fruits de votre choix. Décorez le dessus alternativement avec la crème et les fruits.

Par portion 472 kJ

L'ASTUCE DU CHEF

La Pavlova peut être préparée la veille et conservée à température ambiante, couverte. Ajoutez la garniture 1 heure avant de servir.

Incorporez le sucre dans les blancs, une cuillerée à la fois.

Tracez un cercle de 18 cm de diamètre sur la plaque à four graissée.

Tracez des sillons sur les côtés de la meringue.

Aplatissez le dessus de la meringue.

Délice au citron

Pour 4 personnes.

PRÉPARATION 20 MINUTES • CUISSON 45 MINUTES

3 œufs séparés
110 g de sucre roux
250 ml de lait
1 c. s. de farine avec levure incorporée
125 ml de jus de citron

1 Séparez les œufs, en répartissant les blancs et les jaunes dans 2 petits saladiers différents. Ajoutez le sucre aux jaunes d'œufs et battez-les à l'aide d'un fouet électrique jusqu'à ce qu'ils soient épais et crémeux. Incorporez progressivement, en battant à une vitesse moins rapide, le lait, puis la farine et le jus de citron. Transvasez dans un grand saladier.

2 À l'aide du fouet électrique, battez les blancs d'œufs en neige, puis incorporez-les délicatement, en deux fois, dans la préparation aux jaunes d'œufs. Pour cette opération, utilisez une spatule en plastique car il ne faut ni remuer ni battre la préparation, sinon elle risque de s'affaisser. À cette étape, la préparation semble comme caillée, mais c'est normal.

3 Versez la préparation dans un plat à gratin profond de 1 litre (4 tasses). Placez ce plat dans un plat à rôtir rempli d'eau bouillante jusqu'à mi-hauteur. Faites cuire à four moyen 45 minutes environ, jusqu'à ce qu'elle soit ferme au toucher. Saupoudrez d'un peu de sucre glace.

Par portion lipides 6,5 g ; 926 kJ

L'ASTUCE DU CHEF

Ce dessert doit être servi immédiatement.

Sans cesser de battre, incorporez progressivement le lait aux jaunes d'œufs.

Incorporez les œufs en neige dans la préparation de jaunes d'œufs.

Versez la préparation dans un plat à gratin profond.

Mousse au chocolat

Pour 2 personnes.

PRÉPARATION 15 MINUTES • RÉFRIGÉRATION 12 HEURES

100 g de chocolat noir, cassé en gros morceaux

1 œuf, séparé

125 ml de crème épaisse

2 c. c. de sucre roux

1 Faites fondre le chocolat au bain-marie dans un récipient de taille moyenne placé dans une casserole remplie d'eau frémissante. Veillez à ce que le fond du récipient contenant le chocolat ne touche pas l'eau bouillante, sinon le chocolat risque de brûler. Faites chauffer doucement jusqu'à ce que le chocolat ait fondu (ou faites-le fondre au micro-ondes à température maximale 30 secondes ou plus). Transvasez le chocolat fondu dans un saladier de taille moyenne, puis incorporez rapidement le jaune d'œuf et la crème en mélangeant au fouet. Fouettez jusqu'à ce que le mélange soit lisse.

2 Versez le blanc d'œuf dans un petit bol et battez à l'aide d'un fouet électrique ou mécanique jusqu'à ce que des petits pics se forment à la surface. Ajoutez le sucre et fouettez jusqu'à ce qu'il soit dissous.

3 À l'aide d'une spatule, incorporez délicatement le blanc battu dans la préparation au chocolat. Versez la mousse dans de 2 coupes de 250 ml. Mettez au frais une nuit entière ou, à défaut, quelques heures, jusqu'à ce que la mousse soit ferme.

Par portion lipides 40,8 g ; 2 185 kJ

L'ASTUCE DU CHEF

Cette recette peut être préparée jusqu'à trois jours à l'avance et conservée au frais, à couvert.

À l'aide du fouet, mélangez le jaune d'œuf et la crème au chocolat.

Dès la formation de petits pics à la surface, ajoutez le sucre au blanc d'œuf.

Incorporez le blanc d'œuf dans la préparation au chocolat.

Biscuits, muffins et autres

La pâtisserie tourne souvent autour de quelques ingrédients : du beurre, du sucre, des œufs et de la farine. Sur cette base, les recettes jouent à l'infini en variant la texture de la pâte, les mélanges, les parfums... Toutefois, il est une règle d'or en pâtisserie : respecter strictement les quantités données et mesurer précisément les ingrédients.

Travaillez le beurre du bout des doigts.

Pétrissez la pâte sur une surface farinée.

Étalez la confiture sur la pâte.

Gâteau à la noix de coco et aux framboises

Pour 24 gâteaux.

PRÉPARATION 30 MINUTES
CUISSON 40 MINUTES

225 g de farine

100 g de beurre, coupé en morceaux

1 jaune d'œuf

2 c. s. d'eau, environ

160 g de confiture de framboises

180 g de noix de coco séchée

2 œufs, légèrement battus

110 g de sucre roux

1 Versez la farine dans un saladier de taille moyenne. Ajoutez le beurre et travaillez-le du bout des doigts. Incorporez le jaune d'œuf et suffisamment d'eau pour obtenir une pâte ferme lorsque vous écrasez les ingrédients avec la paume de la main.

2 Transvasez la pâte sur une surface légèrement farinée. Pétrissez la pâte délicatement jusqu'à ce qu'elle soit lisse. Étalez la pâte sur une plaque à gâteau rectangulaire, puis aplatissez-la. Mettez à four chaud 20 minutes environ, jusqu'à ce qu'elle soit légèrement dorée, puis laissez reposer 10 minutes.

3 Étalez la confiture de manière uniforme sur la pâte.

4 À l'aide d'une fourchette, mélangez la noix de coco, les œufs et le sucre dans un saladier de taille moyenne jusqu'à ce que la noix de coco ramollisse.

5 Étalez uniformément le mélange à la noix de coco sur la confiture, sans chercher à aplanir. Faites cuire à four moyen 20 minutes environ, jusqu'à ce que le dessus soit doré. Laissez refroidir dans le moule.

Par portion lipides 8,9 g ; 635 kJ

L'ASTUCE DU CHEF

Ces gâteaux peuvent être préparés jusqu'à deux jours à l'avance et conservés au frais, couverts, ou au congélateur jusqu'à deux mois.

Mélangez la noix de coco, les œufs et le sucre.

Étalez le mélange à la noix de coco sur la confiture.

Muffins aux abricots

Pour 12 muffins.

PRÉPARATION 15 MINUTES • CUISSON 20 MINUTES

150 g d'abricots secs, coupés en gros dés

450 g de farine avec levure incorporée

110 g de sucre en poudre

125 g de beurre, coupé en gros morceaux

125 ml de lait

2 œufs

1 Placez les abricots dans un petit saladier rempli d'eau bouillante. Couvrez et laissez reposer 30 minutes avant de les égoutter.

2 Tamisez la farine et le sucre dans un grand saladier. Ajoutez le beurre et travaillez-le du bout des doigts.

3 Ajoutez les abricots au mélange de farine.

4 Versez le lait et les œufs dans un pot de taille moyenne. Mélangez à l'aide d'une fourchette, puis versez le mélange dans la préparation de farine. Continuez à mélanger avec la fourchette jusqu'à ce que les ingrédients forment une pâte presque homogène. Ne travaillez pas la pâte trop longtemps car elle doit rester épaisse et grumeleuse.

5 Répartissez la pâte dans 12 moules à muffins de 80 ml. Faites cuire à four chaud 20 minutes. Déposez-les ensuite sur une grille pour les laisser refroidir.

Par portion lipides 10,3 g ; 1 176 kJ

L'ASTUCE DU CHEF

Les muffins sont meilleurs s'ils sont cuits au moment de servir et dégustés chauds avec du beurre. Ils peuvent toutefois être conservés deux jours dans un récipient hermétique ou deux mois au congélateur.

Versez le mélange œuf-lait sur les ingrédients secs.

Mélangez les ingrédients pour obtenir une pâte homogène.

Muffins au lard et aux herbes

Pour 12 muffins.

PRÉPARATION 10 MINUTES • CUISSON 25 MINUTES

6 tranches de lard, finement hachées

450 g de farine avec levure incorporée

60 g de beurre, coupé en gros morceaux

1 c. s. de basilic frais, haché grossièrement

2 c. s. de ciboule, hachée grossièrement

2 c. s. d'origan frais, haché grossièrement

60 g de parmesan, râpé

2 œufs, légèrement battus

250 ml de lait

1 Faites cuire le lard dans une petite poêle jusqu'à ce qu'il soit croustillant, puis égouttez-le sur du papier absorbant et laissez refroidir.

2 Versez la farine dans un grand saladier. Incorporez le beurre et travaillez le tout. Ajoutez le lard, les herbes et le parmesan, puis le mélange d'œufs et de lait. À l'aide d'une fourchette, mélangez les ingrédients jusqu'à ce qu'ils forment une pâte presque homogène. Ne travaillez pas la pâte trop longtemps car elle doit rester épaisse et grumeleuse.

3 Répartissez la pâte dans 12 moules à muffins de 80 ml. Faites cuire à four chaud 20 minutes. Déposez-les ensuite sur une grille pour les laisser refroidir.

Par portion lipides 9,5 g ; 1 010 kJ

L'ASTUCE DU CHEF

Les muffins peuvent être conservés deux jours dans un récipient hermétique ou deux mois au congélateur.

À propos des muffins

Les muffins sont plus faciles et moins fastidieux à réaliser que les scones. En effet, tout se mélange dans un seul saladier. Commencez par travailler le beurre avec les ingrédients secs, puis ajoutez les parfums et mélangez-les brièvement avant de verser les œufs et le lait. L'idéal est d'utiliser une fourchette pour mélanger les ingrédients. En effet, moins la pâte est travaillée, meilleur est le résultat.

Nous utilisons les moules à muffins américains, qui sont plus profonds et un peu plus grands, soit environ 80 ml. Il existe des moules plus petits pouvant contenir 60 ml de pâte. Comptez 15 minutes de cuisson pour les moules plus petits.

Muffins aux figues

Pour 12 muffins.

PRÉPARATION 10 MINUTES • CUISSON 20 MINUTES

320 g de farine complète avec levure incorporée
110 g de sucre brut
150 g de farine ordinaire avec levure incorporée
125 g de beurre, coupé en gros morceaux
190 g de figues sèches, coupées en gros dés
2 œufs, légèrement battus
250 ml de lait

1 Dans un grand saladier, versez les farines, puis le sucre. Ajoutez le beurre et travaillez le tout.

2 Ajoutez les figues, puis le mélange d'œufs et de lait. À l'aide d'une fourchette, mélangez jusqu'à ce que les ingrédients forment une pâte presque homogène. Ne travaillez pas la pâte trop longtemps car elle doit rester épaisse et grumeleuse.

3 Répartissez la pâte dans 12 moules à muffins de 80 ml. Faites cuire à four chaud 20 minutes. Déposez-les ensuite sur une grille pour les laisser refroidir. Servez accompagné de beurre et de quelques gouttes de miel.

Par portion lipides 11,1 g ; 1 258 kJ

L'ASTUCE DU CHEF

Les muffins peuvent être conservés deux jours dans un récipient hermétique ou deux mois au congélateur.

Scones

Pour 10 scones environ.

PRÉPARATION 15 MINUTES
CUISSON 15 MINUTES

300 g de farine avec levure incorporée

2 c. c. de sucre

15 g de beurre, coupé en morceaux

250 ml de lait, environ

1 Versez la farine et le sucre dans un saladier de taille moyenne, puis mélangez avec le beurre, en le travaillant du bout des doigts.

2 Creusez un puits au milieu du mélange de farine et versez presque tout le lait.

3 Passez un couteau à travers le mélange de farine pour répandre le lait, puis obtenir une pâte molle et collante. Si nécessaire, ajoutez le restant de lait afin d'obtenir la consistance recherchée.

4 Transvasez la pâte sur une surface légèrement farinée (n'utilisez pas trop de farine, sinon les proportions des ingrédients en seront modifiées).

5 Pétrissez la pâte délicatement jusqu'à ce qu'elle soit lisse. Aplatissez-la doucement et de manière uniforme pour qu'elle fasse 2 cm d'épaisseur environ.

6 Utilisez un coupoir fariné pour découper autant de ronds que possible dans la pâte. Dans un moule à cake légèrement graissé de 20 cm de long, placez les scones les uns à côté des autres. Pétrissez délicatement le restant de pâte pour obtenir une boule un peu plus épaisse que la précédente. Utilisez à nouveau un coupoir fariné pour découper des ronds dans la pâte. Les scone de cette série seront moins aérés que les autres.

7 Badigeonnez le dessus des ronds avec un peu du lait.

À propos des scones

Servez les scones aussitôt sortis du four, avec du beurre ou de la confiture, voire de la crème. Ils feront un délicieux petit déjeuner ou goûter.

Si les muffins nous viennent des États-Unis, c'est à nos voisins anglais que nous devons les scones. On prétend même qu'en Grande-Bretagne, on mesure les talents d'un cuisinier à la qualité de ses scones… Rassurez-vous cependant, la réalisation de ces sortes de petits pains au lait n'est pas très difficile : il suffit que la pâte soit molle et adhérante avant d'être pétrie rapidement et délicatement. Ensuite, tout dépend du four. Il doit être très chaud pour permettre aux scones de lever rapidement.

8 Faites cuire à four très chaud 15 minutes environ, jusqu'à ce que les scones soient gratinés et qu'ils sonnent creux lorsque vous tapez le dessus du bout des doigts.

Par portion lipides 2,6 g ; 553 kJ

L'astuce du chef

Les scones sont meilleurs dégustés le jour même et peuvent être conservés deux mois au congélateur.

Travaillez le beurre du bout des doigts.

Passez la lame d'un couteau dans la pâte pour répartir le lait.

La cuisson des scones

Il est conseillé de faire cuire les scones dans un moule à cake à bords hauts pour éviter qu'ils ne s'affaissent durant la cuisson et pour qu'ils puissent dorer sur le dessus de manière uniforme.

Disposez les scones de manière assez aérée dans le moule : ils augmentent de volume en hauteur et en largeur à la cuisson et, si vous les serrez trop, ceux du milieu auront de la peine à cuire.

Les scones doivent cuire à four très chaud. Testez votre four pour trouver la bonne hauteur et la bonne température. À titre indicatif, sachez que c'est la partie la plus chaude du four qui permettra la cuisson la meilleure. Tout dépend également du type de four que vous avez, de la manière dont la chaleur circule et du type d'énergie utilisé. Vérifiez toujours les instructions du fabricant.

Les scones placés au milieu du moule doivent cuire plus longtemps. Une fois le temps de cuisson achevé, tapez sèchement du bout des doigts les scones du milieu. Ils doivent sonner creux et être bien dorés sur le dessus.

Transvasez les scones sur une grille. Si vous souhaitez des scones tendres, recouvrez-les immédiatement d'un torchon propre. Si vous les préférez croustillants sur le dessus, laissez-les refroidir sur la grille, sans les couvrir.

Les ingrédients

Farine Si vous aimez le goût et la texture de la farine complète, divisez la quantité de farine requise en deux et faite un mélange avec une moitié de farine complète avec levure incorporée, l'autre de farine ordinaire avec levure incorporée. Si votre pâte n'est pas assez molle et adhérante, ajoutez un peu de liquide. La quantité de liquide dépend de la qualité de la farine, de ses capacités d'absorption et de sa fraîcheur.

Sucre Ajoutez un peu de sucre afin d'atténuer le goût farineux de la pâte. N'importe quel sucre conviendra : brut, roux, blanc ou même du sucre glace.

Liquide Vous pouvez utiliser de la crème ou n'importe quel type de lait, notamment du babeurre. Une crème aigre légère ou un yaourt nature peuvent également convenir, mais il faudra ajouter un peu de lait pour obtenir une consistance liquide. L'eau convient aussi, mais donne un scone à la pâte très claire. Vous pouvez également mélanger de l'eau avec du lait ou n'importe quel produit laitier mentionné ci-dessus.

Beurre Le beurre n'est pas indispensable, mais relève légèrement le goût du scone et lui donne une belle couleur jaune.

Sel Bien que la recette ne le mentionne pas, il est tout à fait possible d'en ajouter à la pâte.

Pétrir la pâte La pâte à scones doit être aplatie avec la paume de la main. Un rouleau à pâtisserie est utile si vous préparez une grande quantité de pâte. Veillez à ce qu'elle ne devienne ni trop fine ni trop épaisse lorsque vous l'abaissez.

Couper la pâte Nous utilisons de préférence un coupoir tranchant pour découper les scones car sa lame tranche la pâte, sans l'écraser.

Aplatissez la pâte doucement et de manière uniforme.

Biscuits

Voici une sélection de recettes traditionnelles de biscuits. Pour les réussir facilement, respectez quelques règles toutes simples :

S'il vous faut du beurre liquide, laissez-le à température ambiante avant de le battre en crème.

Ne mélangez pas trop longtemps la pâte à biscuits.

Utilisez des plaques à four ou des moules à tarte dont les côtés sont très bas. Vous pouvez également retourner un moule à tarte à fond plat ou un plat à gratin et utiliser le fond retourné comme plaque de cuisson.

Graissez légèrement les plaques.

Veillez à ne pas dépasser le temps de cuisson, sinon les biscuits deviendront trop durs une fois refroidis. Ils doivent rester un peu moelleux après la cuisson. Vérifiez la cuisson en posant le doigt sur un gâteau : s'il est cuit, il bouge sur la plaque ; s'il n'est pas cuit, il reste collé. Les biscuits situés aux bords de la plaque sont souvent les premiers cuits.

N'hésitez pas à ouvrir le four durant la cuisson pour alterner la position des plaques et permettre une cuisson plus homogène. Pensez également à tourner les plaques car certains fours ont tendance à cuire trop rapidement au fond.

Il faut en principe faire cuire les biscuits dans la partie supérieure du four, mais consultez les instructions du fabricant.

Laissez les biscuits refroidir sur les plaques ou sur une grille, selon les instructions données dans chaque recette.

L'astuce du chef

Les biscuits peuvent être dégustés dès qu'ils ont refroidi.

Ils peuvent être conservés dans un récipient hermétique une semaine jusqu'à deux mois au congélateur.

Biscuits aux céréales

Pour 25 biscuits environ.

PRÉPARATION 15 MINUTES • CUISSON 25 MINUTES

Vous pouvez faire des biscuits plus ou moins grands, mais veillez à cuire ensemble les biscuits de même dimension pour que la cuisson soit uniforme.

90 g de flocons d'avoine
150 g de farine
200 g de sucre roux, bien tassé
45 g de noix de coco séchée
125 g de beurre
2 c. s. de mélasse raffinée
1 c. s. d'eau
1/2 c. c. de bicarbonate de soude

1 Mélangez l'avoine, la farine tamisée, le sucre et la noix de coco dans un grand saladier. Mélangez le beurre, la mélasse et l'eau dans une petite casserole à feu moyen, en remuant constamment, jusqu'à ce que le beurre ait fondu. Ajoutez le bicarbonate et remuez. Versez cette préparation dans les ingrédients secs, puis mélangez le tout.

2 Sur des plaques à four légèrement graissées, déposez tous les 5 cm une petite boule de pâte de la taille d'une cuillère à café. Faites cuire à four moyen 20 minutes environ, jusqu'à ce que les biscuits semblent un peu fermes. À l'aide d'une spatule, détachez les biscuits de la plaque et laissez-les refroidir sur la plaque.

Par portion lipides 5,5 g ; 488 kJ

Déposez des petites boules de pâte de la taille d'une cuillère à café.

Pavés de chocolat aux petits-beurre

Pour 24 pavés.

PRÉPARATION 20 MINUTES • CUISSON 5 MINUTES • RÉFRIGÉRATION 2X1 HEURE

200 g de guimauve blanche en paquet
1 c. s. d'eau
90 g de beurre doux
200 g de chocolat noir, cassé en gros morceaux
125 g de petits-beurre, cassés en gros morceaux
125 g de cerises confites, coupées en deux
75 g de noisettes grillées
50 g de noix de pécan ou de noix
200 g de chocolat noir, supplémentaires
60 g de beurre doux, supplémentaires

1 Mélangez la guimauve, l'eau et le beurre dans une grande casserole à feu doux, en remuant constamment, jusqu'à ce que la guimauve ait fondu.

2 Retirez la casserole du feu, puis ajoutez le chocolat et remuez jusqu'à ce qu'il ait fondu.

3 Incorporez les petits-beurre, les cerises confites et les noix dans le mélange de guimauve. Remuez délicatement jusqu'à ce que les ingrédients forment une masse homogène.

4 Tapissez deux moules à cake rectangulaires avec du papier d'aluminium, en les faisant déborder dans le sens de la longueur pour faciliter le démoulage. Répartissez la préparation en quantités égales dans les deux moules tapissés, sans écraser les petits-beurre. Couvrez et mettez au frais 1 heure.

5 Faites fondre le supplément de chocolat et de beurre au bain-marie, en prenant garde à ce que le fond du récipient ne touche pas l'eau bouillante, sinon les ingrédients risquent de brûler. Versez le mélange de chocolat sur la première préparation et recouvrez de manière uniforme. Remettez au frais 1 heure, jusqu'à ce que l'ensemble soit ferme. Sortez le chocolat des moules, retirez le papier d'aluminium soigneusement, puis coupez en 12 tranches.

Par portion lipides 14,4 g ; 922 kJ

L'ASTUCE DU CHEF

Cette recette peut être préparée une semaine à l'avance et conservée au frais, couverte.

Un dessert sans cuisson Ces délicieux pavés au chocolat ne nécessitent aucune cuisson et prennent assez rapidement au réfrigérateur. Elles sont idéales à l'heure du goûter, au café, après le dîner, en période de fêtes ou pour un buffet.

Remuez le mélange de guimauve sur un feu doux.

Incorporez les petits-beurre dans le mélange de guimauve.

La cuisson des gâteaux

Beurre Vous obtiendrez de meilleurs résultats avec un beurre qui est à température ambiante. N'utilisez jamais un beurre fondu.

Sucre Le sucre roux donne une texture plus fine au gâteau. Ne remplacez pas pour autant le sucre blanc par du sucre roux (voire par du miel), car le résultat sera différent. Respectez les instructions. Si le sucre contient des morceaux, tamisez-le.

Œufs Toutes les recettes sont préparées avec des œufs pesant 60 g. Les résultats seront meilleurs si vous sortez les œufs à température ambiante.

Farine Utilisez la farine spécifiée dans la recette. Ne remplacez pas une farine complète par une farine blanche car la texture de la pâte en sera modifiée. Une farine fraîche absorbe moins de liquide qu'une farine moins fraîche. C'est avec l'expérience que vous saurez quand il est nécessaire de diminuer ou d'augmenter la quantité de liquide, indépendamment de ce qui est indiqué dans la recette.

Bien utiliser son four Suivez toujours les instructions du fabricant pour obtenir de bons résultats. D'une manière générale, il suffit de placer le moule vide dans le four froid pour savoir à quelle hauteur il convient de faire cuire le gâteau. Sachant que le dessus du gâteau doit parvenir à mi-hauteur du four en cours de cuisson, réglez le niveau de la grille en conséquence.

Si vous faites cuire plus d'un gâteau à la fois – encore faut-il que le temps de cuisson soit identique –, placez-les sur la même grille, côte à côte ou en diagonale. Les moules ne doivent toutefois pas se toucher ni toucher les côtés, l'arrière du four ou la porte lorsque celle-ci est fermée. Si vous avez des doutes, vérifiez rapidement en glissant deux moules vides sur la grille avant d'allumer le four.

En milieu de cuisson, alternez la position des moules afin que les gâteaux cuisent de manière uniforme. Faites-le rapidement pour ne pas altérer la cuisson.

Si vous utilisez deux grilles, prévoyez suffisamment d'espace entre le dessus du gâteau placé sur la grille inférieure et la grille supérieure car le gâteau va lever durant la cuisson.

Les fours à chaleur tournante garantissent généralement une cuisson homogène, avec un dessus bien doré. Il n'est donc pas nécessaire d'alterner la position des moules.

Les moules à gâteau Si vous utilisez un moule en aluminium anodisé, en fer, en inox ou recouvert d'une matière antiadhésive, il est conseillé de réduire de 10 °C la température du four pour obtenir des résultats satisfaisants.

Pour graisser les moules de manière uniforme, utilisez du beurre fondu et un pinceau. Pour plus de précaution, couvrez le fond du moule avec du papier sulfurisé pour éviter que le gâteau n'attache. Graissez légèrement le papier sulfurisé.

Vérifier la cuisson d'un gâteau

Vérifiez la cuisson de votre gâteau juste avant la fin. Touchez le dessus du gâteau du bout des doigts. S'il est ferme, plantez une lame de couteau dans la partie la plus épaisse, mais pas là où la pâte est fendue. Si la lame est nette lorsque vous la retirez du gâteau, vous pouvez sortir le gâteau du four. Si elle porte des traces de pâte, prolongez la cuisson de 5 minutes. Secouez doucement le gâteau pour qu'il ne colle pas au moule, puis renversez-le sur une grille. Ensuite, pour éviter que la grille ne laisse des empreintes sur le dessus du gâteau, retournez le gâteau et laissez-le refroidir.

Tapissez le moule à gâteau de papier sulfurisé.

Voici la consistance que doit avoir la pâte du gâteau.

Gâteau au chocolat

Pour 8 personnes.

PRÉPARATION 15 MINUTES • CUISSON 1 H 30

185 g de beurre
2 c. c. d'essence de vanille
380 g de sucre roux
3 œufs
300 g de farine avec levure incorporée
70 g de cacao en poudre
250 ml d'eau

Glaçage au chocolat

90 g de chocolat noir, cassé en gros morceaux
30 de beurre
160 g de sucre glace
2 c. s. d'eau bouillante, environ

1 Graissez le fond et les côtés d'un moule à gâteau profond, de 23 cm de diamètre. Tapissez le fond de papier sulfurisé.

2 Mélangez le beurre, l'essence de vanille, le sucre, les œufs, la farine, le cacao et l'eau dans un grand saladier. Battez avec un fouet électrique à vitesse réduite jusqu'à ce que les ingrédients soient mélangés. Augmentez la vitesse du fouet électrique et battez 3 minutes environ, jusqu'à ce que la préparation soit lisse et couleur chocolat. Répartissez la pâte dans le moule préparé.

3 Mettez à four moyen 1 h 30. Laissez reposer 5 minutes avant de retourner le gâteau sur une grille pour le laisser refroidir. Nappez avec le glaçage au chocolat.

Glaçage au chocolat Faites fondre le chocolat et le beurre au bain-marie. Ajoutez progressivement le sucre glace tamisé, sans cesser de remuer, puis ajoutez la quantité d'eau nécessaire pour obtenir une consistance qui permette de bien étaler le glaçage.

Par portion lipides 29,1 g ; 2 911 kJ

L'astuce du chef

Le gâteau au chocolat peut être conservé dans un récipient hermétique pendant 3 jours.

Glossaire

Babeurre
Liquide résultant du battage de la crème dans la préparation du beurre. Il est fabriqué en ajoutant de la culture au lait écrémé pour lui donner un goût légèrement acide. Vous pouvez le remplacer par du lait écrémé.

Beurre
Toutes les recettes de cet ouvrage sont réalisées avec du beurre doux (sauf indication contraire). Vous pouvez le remplacer par une margarine de cuisine de bonne qualité.

Bicarbonate de soude
Composant inclus dans la levure chimique.

Biscuits
Choisissez des biscuits ordinaires, parfumés et nature. Pour les réduire en miettes, utilisez un mixeur jusqu'à obtention d'une texture fine et homogène.

Blanchir
Cette opération consiste à plonger des aliments dans une eau bouillante. Dès que l'eau recommence à bouillir, sortez l'aliment de l'eau, puis égouttez-le avant de le plonger dans de l'eau froide pour arrêter la cuisson.

Bœuf
Pour les recettes de cet ouvrage, utilisez de préférence une pièce de bœuf tendre et maigre. Filet et rumsteck sont de tout premier choix, mais on peut les remplacer par du faux-filet, de l'entrecôte, des aiguillettes, de l'aloyau, de l'onglet, de la bavette ou encore de la tranche à fondue, bien que certains de ces morceaux soient moins tendres.

Boulgour
Grains de blé décortiqués et cuits à la vapeur qui, une fois secs, sont broyés selon différentes tailles. Utilisé dans la cuisine du Moyen-Orient, pour le taboulé par exemple.

Brick (feuilles de)
Petites feuilles rondes et fines de pâte à enrouler ; peuvent être remplacées par des feuilles de riz.

Chapelure
Poudre élaborée avec du pain rassis réduit en miettes. On trouve de la chapelure toute prête dans le commerce.

Ciboule
Il s'agit d'une variété d'ail. Ses feuilles creuses se consomment aussi crues.

Ciboulette
Plante de la famille de l'oignon, dont les feuilles creuses et minces, au goût subtil d'oignon, sont employées comme condiment. On peut lui substituer des tiges de ciboule, à la saveur plus prononcée, mais moins délicate.

Crème anglaise en poudre
Préparation pour dessert ou pudding.

Crème
Nous précisons s'il s'agit de crème épaisse. La crème toute simple est légère et liquide.

Crème aigre allégée Plus légère que la crème aigre épaisse.

Crème fraîche 35 % de matières grasses minimum. Sans additif, contrairement à la crème épaissie.

Curry
Feuilles On les trouve fraîches ou sèches. Elles ont un léger goût de curry. Employées comme les feuilles de laurier.

Pâte Certaines recettes de cet ouvrage requièrent des pâtes de curry vendues dans le commerce, plus ou moins relevées, de la sauce Tikka, assez douce, à la Vindaloo, très épicée, en passant par la Madras, moyennement forte. Choisissez celle qui vous convient selon vos goûts en la matière.

Poudre Mélange d'épices moulues, commode pour préparer des plats indiens. Comporte, dans des proportions diverses, du piment séché, de la cannelle, de la coriandre, du cumin, du fenouil, du fenugrec, du macis et de la cardamome. Choisissez celle qui vous convient.

Ébullition
Toute la surface de l'eau bout. La température est alors de 100 °C. Si une recette exige qu'un liquide soit porté à ébullition, cela veut dire que des petites bulles doivent apparaître à la surface de l'eau.

Écorces (mélange d')
Assortiment d'écorces d'agrumes, confites et coupées en petits dés.

Épices (mélange d')
Mélange d'épices finement moulues comprenant du cinq-épices, de la noix de muscade et de la cannelle. Utilisé comme ingrédient dans les recettes sucrées.

Épinards
Plante herbacée, potagère, aux feuilles molles. Vous pouvez également utiliser des jeunes pousses aux feuilles plus tendres.

Farine
Avec levure incorporée La levure est souvent composée de $2/3$ d'acide tartrique et de $1/3$ de bicarbonate de soude ; 10 g de levure pour 230 g de farine.

De blé Pour tous usages.

Frémir
Faire cuire lentement, à la limite de l'ébullition, pour laisser apparaître quelques bulles à la surface de l'eau. La température d'une eau frémissante est de 88 °C.

Fromages
Cheddar Fromage anglais. Choisissez un cheddar bien affiné, ferme et au goût relevé. Nous utilisons une variété allégée (33 % de matières grasses).

Cottage Fromage blanc frais, sans maturation. Nous utilisons une variété qui contient 4 % de matières grasses.

Feta Fromage de brebis, friable, au goût très fort et salé. Nous utilisons une variété qui contient 15 % de matières grasses.

Mozzarella Petites boules rondes de fromage frais, conservées dans leur petit-lait, à garder au réfrigérateur. La « mozzarella di buffala » (au lait de bufflonne), a un goût plus prononcé que la mozzarella au lait de vache. On trouve dans les épiceries italiennes de la mozzarella fumée.

Parmesan Dur, sec et friable, au goût très marqué. Fabriqué à partir de lait partiellement ou totalement écrémé et affiné pendant un minimum de 12 mois. Le *Parmigiano Reggiano*, vieilli pendant trois ans, est l'un des plus savoureux.

Ricotta Fromage frais italien au goût très doux. Nous utilisons une variété qui contient 10 % de matières grasses.

Gingembre
Frais C'est la racine épaisse et noueuse d'une plante tropicale. On peut le conserver, pelé et recouvert de xérès sec au réfrigérateur, ou nature, au congélateur.

Moulu On l'utilise pour parfumer des gâteaux. Pour la cuisine, il n'est qu'un mauvais substitut du gingembre frais.

herbes
Nous spécifions si nous employons des herbes fraîches ou sèches. 1 cuillerée d'herbes sèches équivaut à 4 cuillerées d'herbes fraîches.

Huile
Arachide À base de cacahuètes moulues. La plus utilisée dans la cuisine

asiatique parce qu'elle chauffe sans fumée.

Huile de graines de moutarde Une huile légère, obtenue par la première pression de graines de moutarde. Peut être remplacée par de l'huile de noisettes ou de noix.

Olive Celles de meilleure qualité sont vierges ou extra-vierges et proviennent du premier pressage de la récolte. Excellente dans les salades et comme ingrédient. Les « légères » ont moins de goût, mais contiennent tout autant de calories.

Sésame À base de graines de sésame blanches rôties et pilées. Plus pour parfumer que pour cuisiner.

Végétale À base de plantes et non de graisses animales.

Certaines recettes requièrent de l'huile en spray. On en trouve dans certains supermarchés. Sinon, il suffit d'huiler très légèrement le plat ou les ingrédients.

Huîtres (sauce aux)
D'origine asiatique, cette sauce brune, riche, est à base d'huîtres en saumure, cuites avec du sel et de la sauce de soja et épaissie avec de la fécule.

Kumara
Patate douce de couleur orange. Vendue dans les magasins de produits exotiques.

Maïzena
Farine de maïs. Sert à épaissir.

Mange-tout
Ou pois gourmand. Variété de pois à cosse très plate, que l'on mange entiers. Coupez les extrémités des mange-tout jeunes, effilez les mange-tout plus vieux. Faites-les cuire 30 secondes, en les faisant sauter ou en les blanchissant, jusqu'à ce qu'ils soient croquants.

Marinade
Préparation dans laquelle sont trempés des aliments pour une durée variable, de 20 minutes à deux jours, afin de les imprégner de la saveur de la marinade ou de les attendrir. Faire mariner un aliment implique le recours à ce procédé.

Moutarde
Moutarde à l'ancienne Très parfumée, avec des graines concassées.

Moutarde de Dijon Jaunâtre, lisse et assez douce.

Muesli
Mélange croustillant de céréales et de fruits secs.

Pappadum
Sorte de pain plat indien à base de farine de riz et de farine de lentilles, d'huile et d'épices.

Pâtes
Fettucine Environ 5 mm de large, à base de semoule de blé dur et d'œufs ; natures ou bien parfumées aux herbes, au poivre ou aux essences végétales.

Gnocchis Pâtes ovales à base de pommes de terre, de semoule ou de farine ; cuites dans de l'eau ou bien au four avec une sauce.

Lasagnes Feuilles fraîches ou en boîte, séchées.

Tortellini Petites pâtes carrées ou arrondies, fourrées aux épinards et à la ricotta.

Pétrir la pâte
Faites-le de préférence sur un plan de travail ou une planche. Travaillez la pâte à la main en ramenant les bords vers le centre de la pâte.

Piments
Il en existe toutes sortes de variétés, tant frais que secs. Mettez des gants en caoutchouc quand vous les épépinez et les coupez, car ils peuvent brûler la peau. En enlevant graines et membranes, vous les rendrez moins forts.

Piments thaïs Petits piments frais allongés rouges ou verts ; très forts.

Poudre de piments Variété asiatique la plus épicée ; à utiliser faute de piments frais à raison de 1 demi-cuillerée à café de poudre pour 1 piment frais moyen haché.

Sauce aux piments douce Sauce peu épicée, du type thaï, composée de piments rouges, de sucre, d'ail et de vinaigre.

Sauce aux piments épicée Nous employons une variété chinoise composée de piments, de sel et de vinaigre.

Pita
Sorte de pain libanais extra-plat, qui se divise aisément en deux et que l'on peut garnir à sa convenance.

Poivre
Au citron Assaisonnement à base de grains de poivre noir, de citron, de fines herbes et d'épices.

De Cayenne À base de piments broyés ; peut remplacer les piments frais : 1/2 cuillerée à café de poudre de piment (Cayenne) pour 1 piment moyen haché.

Vert Baies du poivrier, généralement vendues en saumure (ou sèches). Elles ont un goût frais qui s'accommode bien avec les sauces à la moutarde ou à la crème.

Du Sichuan Poivre à petits grains brun-rouge et au goût citronné.

Pommes de terre
Longues Petites et allongées avec un léger goût de noix ; bonnes au four.

Nouvelles Il ne s'agit pas d'un type de pommes de terre particulier, mais d'une récolte précoce.

Rattes Brun clair, de la longueur d'un doigt. Au goût de noisette. Délicieuses rôties et en salade.

Roses Petites avec des yeux roses ; bonnes à la vapeur, bouillies ou au four.

Riz
Arborio Riz à grains ronds qui absorbe bien le liquide, et donc idéal pour le risotto.

Riz au jasmin Riz à longs grains très aromatique.

Sauvage Il ne s'agit pas d'une véritable variété de riz, mais d'une graminée spéciale cultivée dans le nord des États-Unis. Saveur finement noisettée et consistance ferme. Cher car difficile à cultiver.

Roquette
Type de salade au goût poivré prononcé.

Safran
Stigmates d'une variété de crocus. Se vend en filaments ou moulu. Donne une couleur orangée. L'épice la plus chère du monde. Reste frais plus longtemps s'il est conservé au réfrigérateur.

Soja (sauce de)
Sauce faite avec des germes de soja fermentés. À titre indicatif, nous en utilisons deux sortes : la sauce claire, souvent employée pour parfumer des plats de viande blanche, et la sauce épaisse, utilisée pour les plats de viande rouge. Il existe également une sauce de soja pour tous usages, moins salée. Choisissez celle qui vous convient.

Sucre
Dans les recettes, nous avons utilisé du sucre blanc cristallisé, sauf mention contraire.

Roux Appelé aussi cassonade ; un sucre doux et fin, pas complètement raffiné.

Semoule Blanc et plus fin que le sucre cristallisé ; permet des mélanges plus fins en pâtisserie.

De palme Sucre brun foncé à base d'un jus provenant de la fleur de cocotier. Vendu en blocs durs dans les épiceries asiatiques. Cassez la quantité nécessaire et écrasez. On peut le remplacer par du sucre roux.

Glace Sucre granulé moulu contenant une petite quantité de farine de maïs (3 %).

Tomates
Concentré À utiliser dans les soupes, les ragoûts et les sauces.

Olives ou Roma Tomates assez petites de forme ovale.

Purée En conserve ou en brique ; remplace les tomates fraîches pelées et mixées.

Yaourt
Pour les recettes de cet ouvrage, nous utilisons un yaourt nature, demi-écrémé et contenant 0,2 % de matières grasses.

Index

Les notions culinaires et les termes techniques sont présentés en italique.

Des bouillons maison

Ces bouillons peuvent être préparés quatre jours à l'avance et conservés au réfrigérateur, à couvert. N'oubliez pas de retirer les morceaux de graisse qui se seront formés à la surface du bouillon refroidi. Si vous souhaitez conserver votre bouillon plus longtemps, il est recommandé de le congeler dans des récipients plus petits.

Il est possible de se procurer du bouillon en brique ou en bouteille. Vous pouvez également utiliser du bouillon en cube ou en poudre. Pour information, 1 cuillerée à café de bouillon en poudre ou un petit cube mélangé à 250 ml d'eau donnera un bouillon très concentré. Enfin, n'oubliez pas que les bouillons vendus dans le commerce sont plus salés et plus gras que ceux préparés par vos soins.

Ces recettes permettent d'obtenir environ 2,5 l de bouillon (10 tasses).

Bouillon de poisson

1,5 kg d'arêtes de poisson

3 l d'eau

1 oignon moyen (150 g), haché

2 branches de céleri (300 g), coupées en gros dés

2 feuilles de laurier

1 c. c. de poivre noir en grains

Versez tous les ingrédients dans une grande casserole. Faites cuire à feu doux 20 minutes, sans couvrir, puis filtrez le mélange.

Bouillon de volaille

2 kg d'os de poulet

2 oignons moyens (300 g), hachés grossièrement

2 branches de céleri (300 g), coupées en gros dés

2 carottes moyennes (250 g), coupées en gros dés

3 feuilles de laurier

2 c. c. de poivre noir en grains

5 l d'eau

Versez tous les ingrédients dans une grande casserole. Laissez cuire à feu doux 2 heures, sans couvrir, puis filtrez le mélange.

Bouillon de bœuf

2 kg d'os de bœuf

2 oignons moyens (300 g)

2 branches de céleri (300 g), coupées en gros dés

2 carottes moyennes (250 g), coupées en gros dés

3 feuilles de laurier

2 c. c. de poivre noir en grains

5 l d'eau

3 l d'eau, supplémentaires

Disposez les os et les oignons non pelés, coupés en gros morceaux dans un plat allant au four. Laissez rôtir, sans couvrir, à four chaud 1 heure environ, jusqu'à ce que les os et les oignons soient bien dorés. Transvasez les os et les oignons dans une grande casserole. Ajoutez le céleri, les carottes, les feuilles de laurier, les grains de poivre et l'eau. Laissez mijoter 3 heures, sans couvrir. Ajoutez le supplément d'eau, poursuivez la cuisson à feu doux encore 1 heure, sans couvrir. Filtrez le mélange.

Bouillon de légumes

2 grandes carottes (360 g), coupées en gros dés

2 gros navets (360 g), coupés en gros dés

4 oignons moyens (600 g), hachés grossièrement

12 branches de céleri (1,8 kg), coupées en gros dés

4 feuilles de laurier

2 c. c. de poivre noir en grains

6 l d'eau

Versez tous les ingrédients dans une grande casserole. Laissez cuire à feu doux 1 h 30 sans couvrir, puis filtrez le mélange.

• MARABOUT CHEF •

Traduction et adaptation de l'anglais par :
Francine Rey et Élisabeth Boyer

Packaging :
Domino

Relecture :
Aliénor Lauer

Marabout
43, quai de Grenelle – 75905 Paris Cedex 15

Publié pour la première fois en Australie
en 1988 sous le titre :
Cooking Class Basic.

Dépôt légal : n° 40367 / décembre 2003
ISBN : 2501 037 219 - édition 04
Codif. : 40 33 981

Imprimé en Espagne par
Gráficas Estella.